大学生思想政治实践教程

王　芬　李孝刚　肖　晔　主编

中国财经出版传媒集团
中国财政经济出版社

图书在版编目（CIP）数据

大学生思想政治实践教程 / 王芬，李孝刚，肖晔主编；王界美等副主编 .—北京：中国财政经济出版社，2023. 2

ISBN 978-7-5223-1909-4

Ⅰ . ①大… Ⅱ . ①王… ②李… ③肖… ④王… Ⅲ . ①思想政治教育—高等学校—教材 Ⅳ . ① G641

中国国家版本馆 CIP 数据核字（2023）第 011590 号

组稿编辑：谷　文　　责任编辑：李　冰
封面设计：陈宇琰　　责任校对：徐艳丽
责任印制：张　健

大学生思想政治实践教程
DAXUESHENG SIXIANG ZHENGZHI SHIJIAN JIAOCHENG

中国财政经济出版社 出版

URL：http：// www. cfeph. cn

E- mail：cfeph@ cfeph. cn

社址：北京市海淀区阜成路甲 28 号　邮政编码：100142

营销中心电话：010 – 88191522

天猫网店：中国财政经济出版社旗舰店

网址：https：// zgczjjcbs. tmall. com

北京密兴印刷有限公司印刷　各地新华书店经销

成品尺寸：185mm × 260mm　16 开　15.5 印张　221 000 字

2023 年 2 月第 1 版　2023 年 2 月北京第 1 次印制

定价：45.00 元

ISBN 978–7–5223–1909–4

（图书出现印装问题，本社负责调换，电话：010–88190548）

本社质量投诉电话：010–88190744

打击盗版举报热线：010–88191661　QQ：2242791300

大学生思想政治实践教程

主　审： 陈其芳　肖学文　陈燕娟　曾术华

主　编： 王　芬　李孝刚　肖　晔

副主编： 王界美　刘曙荣　阳　丹　张　莉
谢剑虹

参　编： 文洁玉　刘立红　刘彦超　郑　桂
陈　丽　薛玉成　袁奇林　刘　芳
王海军　管玲凤　刘大芳

前　言

“学如弓弩，才如箭簇。识以领之，方能中鹄。”学习是成长进步的阶梯，实践是提高本领的途径。2019 年 3 月，习近平总书记在学校思想政治理论课教师座谈会上指出，要“重视思政课的实践性，把思政小课堂同社会大课堂结合起来，教育引导学生立鸿鹄志，做奋斗者”。2021 年全国“两会”期间，习近平总书记在看望参加全国政协会议的医药卫生界教育界委员时强调，思政课不仅应该在课堂上讲，也应该在社会生活中来讲。“‘大思政课’我们要善用之，一定要跟现实结合起来”；“要坚持理论性和实践性相统一，用科学理论培养人，重视思政课的实践性”。让大学生在理论与实践相结合的学习体会中感悟时代精神，让青春在全面建设社会主义现代化国家的火热实践中绽放绚丽之花。

大学生社会实践是高校思想政治课教学必不可少的方式和重要环节，同时也是高校思想政治理论课的延伸与拓展。为进一步贯彻党的二十大精神，落实立德树人根本任务，坚守为党育人为国育才使命，根据高职院校人才培养目标，本书编写团队依托“行走的思政课”实践教学改革与创新，厚植高职院校技术技能人才成长沃土，努力让思政课的场域从学校小课堂延伸至社会大舞台，编写了这本适合高职学生特点的思想政治实践教材。本教材以习近平新时代中国特色社会主义思想为主线，以培养德智体美劳全面发展的社会主义建设者和接班人为目标，借鉴了部分《毛泽东思想和中国特色社会主义理论体系概论》（2021 年版）、《思想道德与法治》（2021 年版）等教材内容，坚持“八个相统一”，注重价值引领，突出实践体验，紧扣学生成长需求。旨在有计划地组织学生走出校门、走向社会，深入基层、深入生活，通过丰富多彩的社会调查、志愿服务、理论宣讲等社会实践，实现理论和实践的相结合，让思想政治教育有“知”也有“味”。

全书分为三篇，即明德立身篇、明理铸魂篇、明志致远篇，共有十二章，每章设计有“实践目标”“校园实践”“社会实践”“思政阅读”四部分内容，其中“校园实践”和“社会实践”两部分有具体的实践项目 57 个，既可确保大学思想政治实践教学内容规范、流程可操作、质量可监控，同时可促进大学生知识和能力的升级、情感和精神的升华。本书由长期从事高校思想政治教育教学的陈其芳、肖学文、陈燕娟、曾术华四位老师担任主审，王芬、李孝刚、肖晔担任主编，王界美、刘曙荣、阳丹、张莉、谢剑虹担任副主编，文洁玉、刘立红、刘彦超、陈丽、郑桂、薛玉成、袁奇林、刘芳、王海军、管玲凤、刘大芳参编。编写过程中，我们团队抱着学习的态度，参考和借鉴了国内外许多专家、学者的研究成果，在此表示衷心感谢！

新时代大学生思想政治实践教学的探索与创新还在路上，我们将把书中的实践教学，在今后的教学实践中不断验证、完善和更新。不足之处，恳请专家批评指正！

编　者

2022 年 12 月

目　录

第一部分　明德立身

第三部分　明志致远

第一部分

明德立身

第一章

扣好人生的第一粒扣子

——树立正确的人生观

实践目标

通过实践，认清新时代背景下大学生的历史使命，树立自觉勤奋的学习观；明确人与社会的关系，树立正确的人生观；提高思想道德素质和法治素养，在实际行动中做担当民族复兴大任的时代新人。

学习实践

习近平总书记强调要扣好的“第一粒扣子”①

衣服穿得好，扣好第一粒扣子很重要。习近平总书记多次使用扣好“第一粒扣子”来比喻引导青少年价值观、帮助青少年迈好人生第一个台阶的重要性。党的十九届六中全会通过的《中共中央关于党的百年奋斗重大成就和历史经验的决议》强调，“党和人民事业发展需要一代代中国共产党人接续奋

① 王培洲．习近平总书记强调要扣好的“第一粒扣子”［N］．学习时报，2021-12-20（A2）．

斗，必须抓好后继有人这个根本大计”，这就更需要帮助青少年扣好人生第一粒扣子。深入学习领会习近平总书记对“第一粒扣子”的重要论述，对引导青少年胸怀“国之大者”，在新时代新征程中奋勇争先、建功立业有重要指导意义。

习近平这样话奋斗[①]

征途漫漫，惟有奋斗。

我们通过奋斗，披荆斩棘，走过了万水千山。我们还要继续奋斗，勇往直前，创造更加灿烂的辉煌！

回首过去，展望未来，有中国共产党的坚强领导，有全国各族人民的紧密团结，全面建成社会主义现代化强国的目标一定能够实现，中华民族伟大复兴的中国梦一定能够实现！

让我们更加紧密地团结在以习近平同志为核心的党中央周围，全面贯彻习近平新时代中国特色社会主义思想，大力弘扬伟大建党精神，勿忘昨天的苦难辉煌，无愧今天的使命担当，不负明天的伟大梦想，以史为鉴、开创未来，埋头苦干、勇毅前行，为实现第二个百年奋斗目标、实现中华民族伟大复兴的中国梦而不懈奋斗。

我们坚信，在过去一百年赢得了伟大胜利和荣光的中国共产党和中国人民，必将在新时代新征程上赢得更加伟大的胜利和荣光！

从《习近平的七年知青岁月》找寻青春答案[②]

党的十八大以来，习近平总书记科学把握当今世界和当代中国发展大势，顺应实践要求和人民愿望，以巨大的政治勇气和强烈的责任担当，统揽伟大斗争、伟大工程、伟大事业、伟大梦想，统筹推进“五位一体”总体布局、协调推进“四个全面”战略布局，解决了许多长期想解决而没有解决的难题，办成了许多过去想办而没有办成的大事，赢得了全党全军全国各族人民的衷心拥护。习近平总书记站在时代潮头，深刻把握人类社会发展规律、社会主

① 汪晓东，张炜，段宗宝．习近平这样话奋斗［N］．人民日报，2022-5-2（01）．

② 《南方日报》评论员．从《习近平的七年知青岁月》找寻青春答案［N］．学习时报，2017-8-25（A1）．有删节。

义建设规律和共产党执政规律，提出了科学系统完整的治国理政新理念新思想新战略。领袖的成长不是偶然的，领袖思想的形成总是有源头的。1969 年 1 月，习近平总书记 15 岁时来到陕西省延川县文安驿公社梁家河大队插队落户，直至 1975 年 10 月。梁家河七年知青岁月，正是习近平总书记治国理政新理念新思想新战略的历史起点和逻辑起点。黄土高原的苍天厚土，深深铸就了一位人民领袖的爱民为民情怀、勤奋好学精神、艰苦奋斗品质、苦干实干作风。

校园实践

实践项目一　学习校史——我的大学　我的青春

（一）实践目的

通过实践调研，了解学校和专业特色，树立学习目标，制定职业生涯规划，对学校的光辉发展史和艰辛发展历程有更深一步的认识，让自己在所学专业领域的更高层次和更广阔空间中寻找适合自己的人生道路。

（二）实践组织

该实践活动以班级为单位分两步进行。第一步学习校史，第二步制订职业生涯规划。

1. 学习校史

参观校史馆、查阅学校发展历程相关资料，了解学校未来的发展，以便更好地结合学校的发展做好自己在大学期间及未来几年的职场规划及人生规划。参观和学习调研过程中要注意文明礼貌、保护环境卫生、服从统一安排。

2. 职业生涯规划

该活动环节以班会的形式开展。活动开始前，先走访优秀学长（学姐），如自强之星、创业标兵、优秀志愿者、三好学生、比赛能手等，学习他们在学业、人际交往、技能提升等方面的做法和经验。班会上，首先主持人致开场词，然后请部分同学对自己的职业生涯规划做阐述，最后请老师或学长（学姐）点评和指导。

（三）实践记录

学习校史——我的大学　我的青春			
学院		专业班级	
姓名		实践时间	
1. 参观校史馆实践报告（可附页）			
2. 大学生职业生涯规划（提纲）			
3. 实践总结			

实践项目二　诗词大会——人生如诗　诗品人生

（一）实践目的

通过竞技和评析，让大学生充分领略中华古诗词中的幸福观、得失观、苦乐观、顺逆观、生死观、荣辱观等文化魅力；反对拜金主义、享乐主义、极端个人主义；激发对中国传统诗词文化的兴趣和热爱，在弘扬优秀诗词文化中，树立正确的人生观。

（二）实践组织

1. 活动形式

在课前从以下两个活动中任选一个，完成诗词大会的活动。

活动 1：“才高八斗”抢答古诗词

形式一是给出指定范围诗句，以“飞花令”形式抢答；形式二是“你画我猜”，要求参赛者对已给出的古诗文熟记于心，从“形”象中感知“意”象，由评委打分。

活动 2：“昨日重现”赏析古诗词

小组通过多形式的情景剧表演展现古诗词里的人生与事迹，让观众身临其境，让经典古诗词重现，让时代赋予使命，让青春在此发光。

2. 活动要求

以小组为单位参加比赛，参加活动的学生要求具有一定量的诗词储备，可增加外援团队；有需要道具、舞台、妆效等需提前沟通准备，也可自行制作。

3. 活动流程

（1）分组，以小组为单位参加比赛，每组 3–4 人。

（2）参赛选手需有充裕的时间准备。

（3）赛前会议及抽签：赛前将召开组长会议，通报相关事宜，讲解注意事项，并确定各个参会队伍的参赛对阵形势。要求每个小组有 5 名亲友团。每支队伍有 2 次求助亲友团权利（亲友团由参赛小组自行组建）。

（4）根据任务里的两项活动依次开始，需要提前准备主持词和“飞花令”比赛的古诗词题目。

（5）为公平竞赛，每小组派出两名记分员与一名计时员。

4. 资料参考

关于爱国的诗词集锦：

病骨支离纱帽宽，孤臣万里客江干。位卑未敢忘忧国，事定犹须待阖棺。天地神灵扶庙社，京华父老望和銮。出师一表通今古，夜半挑灯更细看。

——宋·陆游《病起书怀》

号令风霆迅，天声动北陬。长驱渡河洛，直捣向燕幽。马蹀阏氏血，旗袅可汗头。归来报明主，恢复旧神州。

——宋·岳飞《送紫岩张先生北伐》

灵台无计逃神矢，风雨如磐暗故园。寄意寒星荃不察，我以我血荐轩辕。

——鲁迅《自题小像》

关于幸福的诗词集锦：

茅檐低小，溪上青青草。醉里吴音相媚好，白发谁家翁媪？大儿锄豆溪东，中儿正织鸡笼。最喜小儿亡赖，溪头卧剥莲蓬。

——宋·辛弃疾《清平乐·村居》

江汉曾为客，相逢每醉还。浮云一别后，流水十年间。欢笑情如旧，萧疏鬓已斑。何因不归去？淮上有秋山。

——唐·韦应物《淮上喜会梁川故人》

常羡人间琢玉郎，天应乞与点酥娘。尽道清歌传皓齿，风起，雪飞炎海变清凉。万里归来颜愈少，微笑，笑时犹带岭梅香。试问岭南应不好，却道：此心安处是吾乡。

——宋·苏轼《定风波·南海归赠王定国侍人寓娘》

关于生死的诗词集锦：

葡萄美酒夜光杯，欲饮琵琶马上催。醉卧沙场君莫笑，古来征战几人回？

——唐·王翰《凉州词二首·其一》

辛苦遭逢起一经，干戈寥落四周星。山河破碎风飘絮，身世浮沉雨打萍。惶恐滩头说惶恐，零丁洋里叹零丁。人生自古谁无死？留取丹心照汗青。

——宋·文天祥《过零丁洋》

天虽长，地虽久，金玉满堂应不守。富贵百年能几何？死生一度人皆有。孤猿坐啼坟上月，且须一尽杯中酒。

——唐·李白《杂曲歌辞 悲歌行》

关于得失的诗词集锦：

世途倚伏都无定，尘网牵缠卒未休。祸福回还车转毂，荣枯反覆手藏钩。龟灵未免刳肠患，马失应无折足忧。不信君看弈棋者，输赢须待局终头。

——唐·白居易《放言五首 并序》

方舟何处两渔翁，满眼溪山乐趣同。得失总归谈笑里，功名都付等閒中。鬓毛不是缘愁白，面色常因醉酒红。去住问渠谁得似，行云流水任西东。

——明·龚诩《并渔图》

古今成败日纷纷，要从千载观得失。五胡相继尔为谁，慎莫近前汉帝叱。

——明·郭之奇《武帝》

（三）实践记录

诗词大会——人生如诗　诗品人生			
学院		专业班级	
姓名		实践时间	
1. 你最喜欢的一句古诗词是什么			
2. 你喜欢的这句古诗词的创作背景是什么			
3. 你喜欢的这句古诗词中蕴含的人生道理是什么			
4. 实践总结：实践活动完成后，请进行总结反思			

实践项目三　价值判断——人生“大拍卖”

（一）实践目的

大学生的价值观对其人生态度和行为准则有重要影响。大学阶段是个人价值观念形成和发展的重要时期。通过人生“大拍卖”的班级活动，让我们认识到世界观、人生观、价值观与生活密切相关，此活动的开展，可以帮助我们有意识地思考如何树立正确的三观。

（二）实践组织

1. 活动方案

（1）本活动以班级为单位，以班会形式开展；

（2）由班干部负责做好活动策划，现场“拍卖”PPT，准备好道具，安排好拍卖师、主持人等工作人员的角色分工；

（3）拍卖内容投屏到 PPT 上，给一定时间让竞拍者思考；

（4）每位竞拍者拥有 20 张人生属性卡，竞拍者通过举手竞拍每一件“拍品”。底价 1 张属性卡，每次加价 1 张，最终出价最高者得“拍品”。“拍品”一经售出，概不退换。

2. 拍品清单参考

自信心、创造力、意志力、健康、快乐、美貌、财富、事业、长寿、爱心、友情、亲情、爱情、自由、威望等。

（三）实践记录

价值判断——人生“大拍卖”			
学院		专业班级	
姓名		实践时间	
“拍品”			
“拍卖”心得			

社会实践

实践项目四　校友访谈——启迪人生成长

（一）实践目的

学生通过与校友们的谈话和接触，学习体会优秀校友们的人格魅力，深刻理解社会对当代大学生的要求和期望。学习校友们的成长经验，获取学习奋进的动力。了解相关行业发展，获取社会信息，促进我们成长成才。

（二）实践组织

1. 活动流程

（1）分组：5-10 人一组；

（2）组员讨论交流，撰写访谈开场语，设置访谈问题；

（3）访谈交流。提前安排好主持、记录等工作人员；

（4）写下访谈心得体会。

2. 访谈问题参考

（1）求学之路

您刚入学那会对眼前的大学是什么印象？在大学学习期间，对您影响最大或者印象最深刻的老师是谁？原因是什么？您在大学期间有没有印象最深刻的一件事？您在大学期间有没有担任班干部或者参加社团？这种经历对您后面的人生经历比较大的影响是什么？您在大学期间是否留有遗憾？

（2）发展感悟

您的第一份工作是什么？走出校园投入工作后的体会是什么？您觉得在学校学到的知识和在工作中使用的技能有什么区别和联系？在您的事业发展中，母校给您最独特的影响是什么？在您的事业发展过程中，家庭给过您什么样的影响，和母校给您的影响有什么不同之处？

（3）成长寄语

您能以您的亲身经历给我们一些关于人生和事业发展的建议和意见吗？关于大学生如何合理利用时间，您有什么建议吗？以您的亲身经历为例，您觉得大学生应该怎样在就职和自己创业之间选择？纵观您的人生经历，有没有想对我们讲的故事？

（三）实践记录

<table>
<tr><th colspan="4">校友访谈——启迪人生成长</th></tr>
<tr><td>学院</td><td></td><td>专业班级</td><td></td></tr>
<tr><td>姓名（小组成员）</td><td></td><td>实践时间</td><td></td></tr>
<tr><td rowspan="3">访谈对象</td><td>姓 名</td><td colspan="2"></td></tr>
<tr><td>原专业班级</td><td colspan="2"></td></tr>
<tr><td>现工作单位</td><td colspan="2"></td></tr>
<tr><td>访谈内容</td><td colspan="3"></td></tr>
<tr><td>访谈心得</td><td colspan="3"></td></tr>
</table>

实践项目五 助力乡村——绽放青春力量

（一）实践目的

“三下乡”是指有关文化、科技、卫生方面的内容知识在农村普及。“三下乡”社会实践活动需要与当地农村实际相结合，利用我们所学专业技术知识，在农村开展多种形式的先进科技文化知识和生活观念的宣讲活动。通过参与促进乡村文化建设，让我们了解我国当下农村民情，增长才干，丰富人生经历，提升自身素质。

（二）实践组织

1. 活动准备

（1）组织准备

须提前与当地有关部门取得联系，确定具体方案。如住宿地点和具体活动地点等。

（2）物资准备

打印好“三下乡”宣传相关资料；准备好防病防暑、防蚊防虫外伤等必备的药物用品及生活公共用品。

（3）人员准备

分好批次确定人员后，进行合理化分组和分工，确定人员责任，安排具体事宜，强调组织纪律。

2. 活动内容

各小组分别负责“爱心助农”“抗疫宣讲”“乡村振兴发展现状调研”等活动任务。

（1）“爱心助农”活动

充分运用各种方式帮助瓜农销售蔬菜瓜果，还可以发动附近生鲜超市、饭店、爱心人士参与助农，以及微信朋友圈、各类订购平台，带动周边热心群众积极帮忙，用实际行动传播正能量。

（2）“抗疫宣讲”活动

推广疫情防控措施，围绕疫情防控一线中的突出人物、突出事迹，讲述不同岗位展现出的暖心抗疫故事。旨在提高居民疫情防控意识，自觉履行防控义务，对疫情防控知识和相关法律法规有更进一步的认识，为今后疫情防控工作奠定基础。

（3）“乡村振兴发展现状调研”活动

通过对商户、农户以及村民进行调研和采访，了解农村青年创业情况，为他们提供创业过程中所需的技术及知识帮助，同时增强同学对农村工作的认识，提高工作能力。

3. 活动要求

一切行动听指挥，禁止无故脱离队伍；

注意礼节礼貌，态度端正，遵纪守法，不得寻衅滋事，不得发表过激言论，不得议论敏感话题；

统一着装，男生不留长发，女生长发不披肩，不留怪异发型，禁烟禁酒，展现当代大学生风貌；

团队成员注重团队精神、互帮互助。

（三）实践记录

助力乡村——绽放青春力量			
学院		专业班级	
姓名		实践时间	
实践单位			
实践内容			
实践报告	（可附页）		
实践总结			

思政阅读

中共中央　国务院　中央军委
关于给翟志刚、王亚平颁发“二级航天功勋奖章”授予叶光富“英雄航天员”荣誉称号并颁发“三级航天功勋奖章”的决定①

2021年10月16日，神舟十三号载人飞船成功发射，航天员翟志刚、王亚平、叶光富驾乘飞船顺利进驻天和核心舱，圆满完成以2次出舱活动、2次太空授课为代表的一系列创新性、突破性科学试验和空间应用任务，在轨驻留6个月，于2022年4月16日安全返回。神舟十三号载人飞行任务是空间站关键技术验证阶段的决胜收官之战，首次实现载人飞船径向停靠空间站，创造中国航天员连续在轨飞行时长新纪录，取得多项关键核心技术重大突破，为空间站后续建造和运营奠定了坚实基础，标志着中国航天事业高水平科技自立自强迈出新步伐，加快建设航天强国实现新突破，对提升我国综合国力和民族凝聚力，激励全党全军全国各族人民团结一心、砥砺前行，携手努力、共创未来，不断夺取新时代中国特色社会主义新胜利，具有重要意义。

神舟十三号载人飞行任务圆满成功，凝聚着广大科技工作者、航天员、干部职工、解放军指战员的智慧和心血。翟志刚、王亚平、叶光富同志是其中的杰出代表，他们矢志报国、团结协作，向世界展示了强大的中国精神、中国力量。翟志刚同志2次执行载人飞行任务并担任指令长、3次出舱活动，成为目前出舱活动次数最多的中国航天员。王亚平同志两度飞天圆梦、再上“太空讲台”，成为中国首位进驻空间站、首位出舱活动的女航天员。叶光富同志扎实训练、艰苦磨砺，光荣入选神舟十三号乘组，圆满完成担负任务。为褒奖他们为我国载人航天事业建立的卓著功绩，中共中央、国务院、中央军委决定，给翟志刚、王亚平同志颁发“二级航天功勋奖章”，授予叶光富同

---

① 中共中央国务院中央军委关于给翟志刚、王亚平颁发“二级航天功勋奖章”授予叶光富“英雄航天员”荣誉称号并颁发“三级航天功勋奖章”的决定［N］．人民日报，2022-6-22（01）．

志“英雄航天员”荣誉称号并颁发“三级航天功勋奖章”。

翟志刚、王亚平、叶光富同志是不忘初心、牢记使命、献身崇高事业的时代先锋，是探索宇宙、筑梦太空、建设航天强国的标兵模范。党中央号召，全党全军全国各族人民要以习近平新时代中国特色社会主义思想为指导，全面贯彻党的十九大和十九届历次全会精神，以受到褒奖的航天员为榜样，深刻领悟“两个确立”的决定性意义，增强“四个意识”、坚定“四个自信”、做到“两个维护”，更加紧密地团结在以习近平同志为核心的党中央周围，踔厉奋发、笃行不怠，大力弘扬“两弹一星”精神和载人航天精神，以实际行动迎接党的二十大胜利召开，为实现第二个百年奋斗目标、实现中华民族伟大复兴的中国梦而不懈奋斗！

产业工人队伍建设改革五年来不断走深走实
——实现人生出彩　书写时代荣光①

产业工人是工人阶级中发挥支撑作用的主体力量，是创造社会财富的中坚力量，是创新驱动发展的骨干力量，是实施制造强国战略的有生力量。

2017 年 4 月，中共中央、国务院印发《新时期产业工人队伍建设改革方案》，为加快建设一支高素质的产业工人队伍明确了“路线图”“时间表”，一项与亿万产业工人息息相关的重大改革拉开大幕。

5 年间，从“试点探索”到“区域展开”，从加强产业工人队伍思想政治建设到着力提升产业工人队伍素质，产业工人队伍建设改革不断走深走实。一支有理想守信念、懂技术会创新、敢担当讲奉献的宏大的产业工人队伍正阔步走在新征程上。

组织推动　凝心聚力

作为一项系统改革，产业工人队伍建设改革需要凝聚各方的智慧和力量。

5 年来，党中央、国务院及相关部门出台《关于提高技术工人待遇的意见》《关于推行终身职业技能培训制度的意见》《关于推动现代职业教育高质

① 易舒．产业工人队伍建设改革五年来不断走深走实——实现人生出彩 书写时代荣光[N]．人民日报，2022-6-4（04）．

量发展的意见》等相关文件近百个，各省（区、市）均已成立推进产业工人队伍建设改革组织领导机构，各地方制定产改专项规划或纳入地方整体规划，把产改工作列入年度考核或督查范围，压紧压实责任，创新改革举措，狠抓任务落实。

2021 年 12 月 24 日，十三届全国人大常委会第三十二次会议完成对工会法的修改，明确规定了工会推动产业工人队伍建设改革，提高产业工人队伍整体素质，发挥产业工人骨干作用，维护产业工人合法权益等内容。“产业工人是改革的重要参与者、积极推动者和直接受益者，只有坚持改革为了产业工人、依靠产业工人、造福产业工人，始终围绕产业工人特点和需求来谋划和推进改革，才能激发起广大产业工人的主人翁意识，调动起积极性主动性创造性，为改革注入强大动力。”全国总工会党组成员、推进产业工人队伍建设改革协调小组副组长兼办公室主任马璐说。

加强产业工人思想政治引领，引导广大产业工人听党话、感党恩、跟党走是改革的初衷之一。全总深入开展“中国梦·劳动美”主题宣传教育活动，超 500 万职工参加“永远跟党走　奋进新征程”演讲比赛，超 8000 万人次通过线上线下方式聆听了身边榜样的奋斗故事。

“1995 年 12 月，组织批准了我的入党申请。我就想当一名好电工，给乡亲们送去光明，让大伙过上好日子，如果遇上急难险重任务，我也会第一时间冲上去。”谈到入党初心，国网安徽省电力有限公司宿州供电公司输电带电作业班班员许启金这样回忆。许启金用行动坚守初心，用实干担当使命，累计高质量完成 1200 多项高压带电作业任务，消除 3500 多处输电线路隐患，完成创新项目 100 多个。

像许启金一样优秀的高素质产业工人还有很多。5 年来，我国产业工人队伍状况发生了明显变化，截至 2021 年底，全国技能人才总量超过 2 亿人，高技能人才超过 6000 万人。

技能成才　技能报国

技能是产业工人的立业之本。按照《新时期产业工人队伍建设改革方案》提出的“构建产业工人技能形成体系”的要求，一项项举措陆续推出，改变也悄然而至。

——劳动和技能竞赛提档升级，工匠人才破土冒尖。

胡兴盛是中国航天科工集团二院二八三厂的一名数控维修工，工作之余，胡兴盛喜欢参加各类技能比赛。“赛场上，与优秀的‘技能大咖’同台竞技，既能开阔视野，也能激励我苦练技术，精益求精。”胡兴盛说。经过无数次的练习，胡兴盛获得了2021年第七届全国职工职业技能大赛“数控机床装调工”冠军。

以比促学、以赛促练，各行业各地方将技能大赛融入推动产业工人队伍建设改革的进程中。在全国总工会的推动下，技能竞赛由“速度型”“体力型”转向“智力型”“效益型”，广大职工踊跃参与，一批具有劳动热情和创造潜能的技术人才破土冒尖、脱颖而出，展示出工人阶级的时代风采。据统计，“十三五”期间，有1.14亿人次职工参加各级工会开展的技能比赛活动，有405.6万人次职工通过技能比赛晋升技术等级。

——实施职业技能提升行动，助力产业工人建功立业。

“这是我参加地铁建设评估会的体会，供大家学习参考。”忙完手头的工作，全国劳模、中铁二院副总工程师张海波打开手机，点开了以自己名字命名的“张海波劳模创新工作室”的微信群，分享最近一段时间的工作总结。“作为全国劳模，我要主动发挥传帮带的作用，助力青年人增长本领，带领他们开展技术攻关，创新突破。”张海波说。成立7年来，张海波劳模创新工作室已经成为劳模工匠、技能大师、专业技术人员、专家学者等创新人才充分交流、智慧众筹、成果共享的新空间、新平台。

成立劳模和工匠人才创新工作室，是用人单位推进产业工人队伍建设改革的生动实践。据统计，截至2021年底，全国已建成劳模和工匠人才创新工作室8.2万家，激励了更多职工特别是青年职工走技能成才、技能报国之路。按照《中国工运事业和工会工作“十四五”发展规划》确定的目标，到2025年底，全国示范性劳模和工匠人才创新工作室将达到500家左右，各级各类创新工作室达15万家。

与此同时，相关部门运用互联网促进产业工人提升职业技能。教育部建成国家数字教育资源公共服务体系，汇聚实训、案例、精品课程等资源4000余条；工信部推出“工业和信息化技术技能人才网上学习平台”，累计上线六大类 476 门课程 8968 个视频，浏览量超 2000 万人次，为 550 万人次提供技术技能学习服务；全国总工会建成“技能强国——全国产业工人学习社区”，累计培训职工超 1.5 亿人次。

——深化产教融合、校企合作，培养更多有技能、有发展、有地位的高技能产业工人。

在北京电子科技职业学院，校企联合培养的“订单班”成为很多学生和家长的首选。与普通专业班级相比，“订单班”在课程设置上更加突出校企优势互补和产教深度融合，实行校内专任教师和企业指导教师的“双导师”教学模式，帮助学生更快提升职业技能，实现课程与岗位的无缝对接。

放眼全国，深入推进产教融合、校企合作的职业学院还有很多，他们紧扣国家高质量发展对技能人才的需求，搭建各类实训基地，努力培养应用型人才。“打造高质量产业工人队伍，既要提升职业教育水平，又要营造‘劳动光荣、技能宝贵、创造伟大’的社会氛围，鼓励广大青年选择职业教育、练就一技之长，实现人生价值。”全国总工会劳动和经济工作部部长王晓峰说。

激励保障　全面发展

解决好产业工人最关心、最直接、最现实的利益问题，才能激发产业工人队伍的内生动力，激励各行各业的产业工人争做新时代的奋斗者。

“变化真的很大，过去工资收入由岗位薪酬和绩效薪酬组成，现在新增加了一项能力薪酬，技能等级越高，这项收入就越多。”谈到技能人才的待遇问题，在一线干了 26 年的张恒珍感受颇深。2019 年，中国石化集团公司茂名分公司首席技师张恒珍评上了高级技师，两年后，人力资源和社会保障部印发通知开展特级技师评聘试点，很快，张恒珍就晋升为特级技师，按规定将比照正高级职称人员享受待遇。

产业工人队伍建设改革 5 年来，感受到变化的远不止张恒珍一个人。中国华能集团搭建技术技能人才成长“快车道”，打通行政岗位职务序列和专业技术技能职务的横向转换通道，深化职称制度改革，强化技能贡献；中国中车集团探索物质奖励与精神鼓励、短期激励与长效激励相结合的激励体系，努力实现劳者多得、技高者多得；陕西法士特汽车传动集团建立技能提升与薪酬水平相匹配的联动机制，优化技能等级评价标准和培养体系，促进产业工人体面劳动、舒心工作、全面发展……

时代赋予产业工人以重任，也将赋予产业工人以荣光。除了待遇提升，近年来，致敬劳动者的表彰也坚持面向基层、面向一线、面向普通劳动者，重点向产业工人倾斜。在2022年全国五一劳动奖和全国工人先锋号获得者中，有373名产业工人，占比40.1%，全国总工会还单列35个奖章、3个先锋号名额，用于表彰全国职工职业技能大赛优胜者和国家重大工程项目的建设者。与此同时，各级工会实行产业工人在群团组织挂职和兼职，提高产业工人的政治地位。截至2021年9月，全国31个省级地方工会配备挂职兼职副主席132名，其中劳模和一线职工兼职副主席62名。

随着产业工人队伍不断发展壮大，全总积极推动新领域新业态新模式的企业建会和货车司机等八大群体入会，精准开展新就业形态劳动者维权服务工作，推动解决劳动报酬、社会保险、休息休假、职业安全等突出问题，不断提高产业工人的获得感、幸福感、安全感。

百舸争流，千帆竞发。奋斗在各行各业的产业工人，干一行、爱一行、专一行，在时代的洪流中勇立潮头，在铸就新的历史伟业的新征程上实现价值、展现风采。

第二章

愿得此身长报国

——弘扬中国精神　践行社会主义核心价值观

实践目标

通过实践，深刻认识如何做新时代的忠诚爱国者，自觉坚持爱国爱党爱社会主义相统一，成为社会主义核心价值观的坚定信仰者、积极传播者、模范践行者。

学习实践

中国精神的时代精华[①]

国家强盛离不开精神的强盛，民族复兴离不开精神的支撑。党的十九届六中全会通过的《中共中央关于党的百年奋斗重大成就和历史经验的决议》指出："习近平新时代中国特色社会主义思想是当代中国马克思主义、二十一世纪马克思主义，是中华文化和中国精神的时代精华，实现了马克思主义中国化新的飞跃。"以习近平同志为核心的党中央强调更好构筑中国精神、中国

① 杨胜群，许先春．"中国精神的时代精华"［N］．人民日报，2022-6-2（13）．

价值、中国力量，为人民提供精神指引。作为中国精神的时代精华，习近平新时代中国特色社会主义思想是引领党和人民为实现中华民族伟大复兴不懈奋斗的伟大精神旗帜。我们要深入学习贯彻习近平新时代中国特色社会主义思想，深入领会和把握这一中国精神的时代精华，在新的时代条件下大力弘扬中国精神，以更加积极主动、奋发有为的精神状态勇毅前行，全面建设社会主义现代化国家。

全党全国各族人民文化自信明显增强[①]

核心价值观是一个民族赖以维系的精神纽带，是一个国家共同的思想道德基础。习近平总书记指出：“一个民族、一个国家的核心价值观必须同这个民族、这个国家的历史文化相契合，同这个民族、这个国家的人民正在进行的奋斗相结合，同这个民族、这个国家需要解决的时代问题相适应。”能否构建具有强大感召力的核心价值观，关系社会和谐稳定，关系国家长治久安。

党的十八大以来，我们党持续培育和践行社会主义核心价值观，将社会主义核心价值观融入社会生活，融入法治建设与社会治理，不断提高社会文明程度。坚持以社会主义核心价值观引领文化建设，注重用社会主义先进文化、革命文化、中华优秀传统文化培根铸魂。广泛开展中国特色社会主义和中国梦宣传教育，推动理想信念教育常态化制度化，加强爱国主义、集体主义、社会主义教育。把坚持以社会主义核心价值观引领新时代文化建设放在全局工作的突出位置，强调文艺创作要坚持以人民为中心的创作导向，改革文艺评奖制度，加大对文艺精品扶持力度。积极建构主流文化认同，主流影视剧呈现蓬勃生机，制作出《觉醒年代》《长津湖》等一系列优秀影视作品。同时，对外文化贸易与投资增长迅速，中华文化走出去力度明显加大，国际传播能力大为提高，积极向世界讲好中国故事、中国共产党故事，传播好中国声音，促进人类文明交流互鉴，国家文化软实力、中华文化影响力明显提升。

① 邵声，李文堂．全党全国各族人民文化自信明显增强（深入学习贯彻党的十九届六中全会精神）[N]．人民日报，2022-7-8（09）．

校园实践

实践项目一 经典诵读——传承中华文化

（一）实践目的

诵读中华经典，品悟民族智慧，铸就民族气节，传承中华文化，感受源远流长的文化底蕴，有利于我们了解中国经典文化，培养我们的家国情怀，丰富我们的文娱生活。

（二）实践组织

1. 活动准备

（1）学习中华传统文化，包括不限于国学典籍、诗词歌赋、名家名篇、红色经典等内容。

（2）准备好朗诵时所需要的服饰和道具。

（3）可以辅以配乐、背景等增强诵读效果。

2. 活动要求

（1）活动包括诵读经典，“学以致用”等环节，内容涉及国学典籍、诗词歌赋、成语运用、红色经典等内容。

（2）诵读可分为个人诵读和集体诵读，集体诵读鼓励穿插古琴、舞蹈、吟唱、书法等其他艺术形式，以进一步提升经典诵读的艺术表现力。可以现场表演或参赛视频等方式开展比赛。比赛现场评委统一观看表演或视频进行打分。评委对参赛选手的语言素养能力、语言应用能力和舞台表现力等方面进行综合评价。

（3）“学以致用”以知识竞赛的形式开展，可以采用诗词（成语）接龙、我演你猜、飞花令、辩论赛等多个单元项目。4 人组队参与竞赛，每个环节淘汰一部分队伍，最终判定胜负。

3. 经典资料参考

（1）国学典籍

大学之道，在明明德，在亲民，在止于至善。知止而后有定，定而后能静，静而后能安，安而后能虑，虑而后能得。物有本末，事有终始，知所先后，则近道矣。

——《大学》

喜、怒、哀、乐之未发，谓之中。发而皆中节，谓之和。中也者，天下之大本也。和也者，天下之达道也。

——《中庸》

上善若水。水善利万物而不争，处众人之所恶，故几于道。居善地，心善渊，与善仁，言善信，正善治，事善能，动善时。夫唯不争，故无忧。

——《道德经》

子曰：吾十有又五而志于学，三十而立，四十而不惑，五十而知天命，六十而耳顺，七十而从心所欲，不逾矩。

——《论语》

夫战，勇气也。一鼓作气，再而衰，三而竭。彼竭我盈，故克之。夫大国，难测也，惧有伏焉。吾视其辙乱，望其旗靡，故逐之。

——《左传》

（2）精忠报国

怒发冲冠，凭栏处、潇潇雨歇。抬望眼，仰天长啸，壮怀激烈。三十功名尘与土，八千里路云和月。莫等闲，白了少年头，空悲切。

靖康耻，犹未雪；臣子恨，何时灭？驾长车，踏破贺兰山缺。壮志饥餐胡虏肉，笑谈渴饮匈奴血。待从头，收拾旧山河，朝天阙。

——宋·岳飞《满江红》

秦时明月汉时关，万里长征人未还。但使龙城飞将在，不教胡马度阴山。

——唐·王昌龄《出塞曲》

千古江山，英雄无觅，孙仲谋处。舞榭歌台，风流总被雨打风吹去。斜阳草树，寻常巷陌，人道寄奴曾住。想当年，金戈铁马，气吞万里如虎。

元嘉草草，封狼居胥，赢得仓皇北顾。四十三年，望中犹记，烽火扬州路。可堪回首，佛狸祠下，一片神鸦社鼓。凭谁问，廉颇老矣，尚能饭否？

——宋·辛弃疾《永遇乐·京口北固亭怀古》

死去元知万事空，但悲不见九州同。王师北定中原日，家祭无忘告乃翁。

——宋·陆游《示儿》

辛苦遭逢起一经，干戈寥落四周星。山河破碎风飘絮，身世浮沉雨打萍。惶恐滩头说惶恐，零丁洋里叹零丁。人生自古谁无死，留取丹心照汗青。

——宋·文天祥《过零丁洋》

（3）名家名篇

水陆草木之花，可爱者甚蕃。晋陶渊明独爱菊。自李唐来，世人甚爱牡丹。予独爱莲之出淤泥而不染，濯清涟而不妖，中通外直，不蔓不枝，香远益清，亭亭净植，可远观而不可亵玩焉。

予谓菊，花之隐逸者也；牡丹，花之富贵者也；莲，花之君子者也。噫！菊之爱，陶后鲜有闻。莲之爱，同予者何人？牡丹之爱，宜乎众矣。

——宋·周敦颐《爱莲说》

山不在高，有仙则名。水不在深，有龙则灵。斯是陋室，惟吾德馨。苔痕上阶绿，草色入帘青。谈笑有鸿儒，往来无白丁。可以调素琴，阅金经。无丝竹之乱耳，无案牍之劳形。南阳诸葛庐，西蜀子云亭。孔子云：何陋之有？

——唐·刘禹锡《陋室铭》

古之学者必有师。师者，所以传道受业解惑也。人非生而知之者，孰能无惑？惑而不从师，其为惑也，终不解矣。生乎吾前，其闻道也固先乎吾，吾从而师之；生乎吾后，其闻道也亦先乎吾，吾从而师之。吾师道也，夫庸知其年之先后生于吾乎？是故无贵无贱，无长无少，道之所存，师之所存也。

——唐·韩愈《师说》

嗟乎！时运不齐，命途多舛。冯唐易老，李广难封。屈贾谊于长沙，非无圣主；窜梁鸿于海曲，岂乏明时？所赖君子见机，达人知命。老当益壮，宁移白首之心？穷且益坚，不坠青云之志。酌贪泉而觉爽，处涸辙以犹欢。北海虽赊，扶摇可接；东隅已逝，桑榆非晚。孟尝高洁，空余报国之情；阮籍猖狂，岂效穷途之哭！

——唐·王勃《滕王阁序》

苏子曰："客亦知夫水与月乎？逝者如斯，而未尝往也；盈虚者如彼，而卒莫消长也。盖将自其变者而观之，则天地曾不能以一瞬；自其不变者而观之，则物与我皆无尽也，而又何羡乎！且夫天地之间，物各有主，苟非吾之所有，虽一毫而莫取。惟江上之清风，与山间之明月，耳得之而为声，目遇之而成色，取之无禁，用之不竭。是造物者之无尽藏也，而吾与子之所共适。”

——宋·苏轼《赤壁赋》

（三）实践记录

经典诵读——传承中华文化			
学院		专业班级	
姓名		实践时间	
1. 你最喜欢的经典有哪些			
2. 你最喜欢的经典中都展现了怎样的精神			
3. 你认为经典中的精神在新时代如何运用			
4. 实践总结			

实践项目二　精神之源——凝聚奋进新征程的磅礴力量

（一）实践目的

100 年前，革命先驱们创立了中国共产党，形成了坚持真理、坚守思想，践行初心、担当使命，不怕牺牲、英勇斗争，对党忠诚、不负人民的伟大建党精神，这就是中国共产党的精神之源。

100 年来，中国共产党弘扬伟大建党精神，在长期奋斗中涌现了一大批视死如归的革命烈士、一大批顽强奋斗的英雄人物、一大批忘我奉献的先进模范，构建起中国共产党人的精神谱系，锤炼出鲜明的政治品格。历史川流不息，精神代代相传。

我们通过采用“人物资料整理 + 故事表达 + 精神归纳”的方式，探寻每种精神的诞生缘起，阐释不同层面的具体内涵，帮助我们系统学习和理解中国共产党人的精神谱系，进一步弘扬光荣传统、赓续红色血脉。

（二）实践组织

1. 活动方案

本活动可以班级或社团为单位开展，活动前根据以下要求做好相关信息的收集与整理：

（1）3-5 人一组，分组收集整理新民主主义革命时期、社会主义革命和建设时期、改革开放和社会主义现代化建设新时期和中国特色社会主义新时代四个时期中国共产党人精神谱系中的中国故事；

（2）各组根据收集的中国共产党人精神谱系及中国故事相关资料，制作 PPT 和准备好汇报演讲稿；

（3）组员全体上台参与汇报演讲，分享心得体会，讲好中国故事；

（4）活动组织单位可以安排评委点评、观众投票、颁奖等环节。

2. 资料参考

时期	中国共产党人的精神谱系
新民主主义革命时期	井冈山精神、苏区精神、长征精神、遵义会议精神、延安精神、抗战精神、红岩精神、西柏坡精神、照金精神、东北抗联精神、南泥湾精神、太行精神、大别山精神、沂蒙精神、老区精神、张思德精神等。
社会主义革命和建设时期	抗美援朝精神、“两弹一星”精神、雷锋精神、焦裕禄精神、大庆精神、红旗渠精神、北大荒精神、塞罕坝精神、“两路”精神、老西藏精神、西迁精神、王杰精神等。
改革开放和社会主义现代化建设新时期	改革开放精神、特区精神、抗洪精神、抗击非典精神、抗震救灾精神、载人航天精神、劳模精神（劳动精神、工匠精神）、青藏铁路精神、女排精神等。
中国特色社会主义新时代	脱贫攻坚精神、抗疫精神、“三牛”精神、科学家精神、企业家精神、探月精神、新时代北斗精神、丝路精神等。

（三）实践记录

<table>
<tr><th colspan="4">精神之源——凝聚奋进新征程的磅礴力量</th></tr>
<tr><td>学院</td><td></td><td>专业班级</td><td></td></tr>
<tr><td>姓名</td><td></td><td>实践时间</td><td></td></tr>
<tr><td colspan="4">1. 使你最受启发的精神和故事是什么</td></tr>
<tr><td colspan="4">2. 上述故事对你的学习和生活有什么影响</td></tr>
<tr><td colspan="4">3. 实践总结</td></tr>
</table>

社会实践

实践项目三 红色解说——学习湖湘红色文化，传承湖湘革命精神

（一）实践目的

通过实践，坚定政治信仰，秉持初心使命，传承湖湘红色基因，激发爱党爱国爱社会主义的情怀；通过学习革命先烈的优秀品质，继承和发扬革命英雄人物的光荣传统，勇做新时代的奋进者、开拓者、奉献者。

（二）实践组织

本活动由学生分小组完成，通过参观学习、拍摄照片、编制解说词，最终组织图文解说比赛。

1. 活动安排

（1）组建活动小组，6−8 人一组；

（2）组员商定前往学习考察的红色教育基地；

（3）查阅资料，现场参观学习，拍摄照片，做好笔记；

（4）编制解说词，制作 PPT；

（5）参与实践汇报——图文解说比赛；

（6）实践过程中展现当代大学生形象，遵守纪律，注意安全。

2. 量化评分

图文解说比赛采取现场打分方式，总分 100 分，其中：主题体现中国精神本质内涵 20 分；图片清晰并与解说主题相契合 20 分；解说词展现积极向上的教育意义 20 分；解说词有故事性，感染力强，令人印象深刻 20 分；小组分工明确，态度认真，团队意识强 20 分。

（三）实践记录

红色解说——学习优秀品质　发扬革命精神			
学院		专业班级	
组长		同行成员	
实践地点		实践时间	
1. 红色教育实践基地解说词（可另附页）			
2. 实践总结			

实践项目四 企业走访——做改革创新奋勇前进的湖湘青年

（一）实践目的

通过对企业的走访，深刻领会湖南企业实施“三高四新”战略定位和使命，以及改革创新的时代要求和重要意义，坚持创新引领开放崛起，着力打造国家重要先进制造业、具有核心竞争力的科技创新、内陆地区改革开放的高地，在推动高质量发展上闯出新路子，在构建新发展格局中展现新作为，在推动中部地区崛起和长江经济带发展中彰显新担当，奋力谱写新时代坚持和发展中国特色社会主义的湖南新篇章。

（二）实践组织

本活动由各班级学生分小组完成，参观学习、拍摄照片、撰写实践报告。活动安排如下：

（1）组建活动小组；

（2）提前从官方网站、微信公众号、微博等媒体了解家乡地方行业发展情况；

（3）商讨调研一家企业并集中研讨，了解所选择企业基本信息；

（4）参观展览室或相关影片，了解企业的发展历程、企业文化；参观公司生产线，聆听工作人员的相关讲解；通过采访了解企业生产、销售、市场竞争、就业情况等；

（5）探讨企业改革的创新点，畅谈企业发展故事，结合“三高四新”发展战略，感受中国企业家精神；

（6）结合自身学识与发展，探索自身如何在新时代、新环境、新要求下发光发热；

（7）实践过程中展现当代大学生形象，遵守纪律，注意安全。

（三）实践记录

企业走访——改革创新　奋发有为			
学院		专业班级	
姓名		同行成员	
实践地点		实践时间	
1. 所选行业在本省的发展历程（可另附页）			
2. 企业发展历程及企业文化（可另附页）			
3. 通过实践，总结规划个人发展			

思政阅读

从抗战历史中汲取爱国主义精神财富[①]

7月7日上午10时，纪念全民族抗战爆发85周年仪式在中国人民抗日战争纪念馆举行。连日来，各地纪念馆举行烈士悼念活动、推出专题展览，学校开展“勿忘国耻，振兴中华”等主题教育，历史学者通过线上直播讲解卢沟桥事变全过程，华侨华人邀请抗战将士后代举行牢记历史座谈会……85年前的7月7日，日本侵略者制造了震惊中外的卢沟桥事变，中国军民奋起抵抗，全民族抗战爆发。在艰苦卓绝的抗日战争中，全体中华儿女为国家生存而战、为民族复兴而战、为人类正义而战。中国人民以铮铮铁骨战强敌、以血肉之躯筑长城、以前仆后继赴国难，谱写了惊天地、泣鬼神的雄壮史诗。

习近平总书记深刻指出：“中国人民抗日战争胜利是以爱国主义为核心的民族精神的伟大胜利。”透过先烈们的抗战家书，我们至今依然能够感受到那种以血肉之躯捍卫民族尊严的拳拳之心，吉鸿昌“夫今死矣，是为时代而牺牲”的壮怀，赵一曼“未惜头颅新故国，甘将热血沃中华”的无畏，张自忠“为国家民族死之决心，海不清，石不烂，决不半点改变”的坚毅……是爱国情，让中华儿女同仇敌忾、众志成城；是爱国志，支撑英雄烈士毁家纾难、浴血奋战。气壮山河的爱国主义壮歌，至今仍回响不绝，激荡奋进力量。

“爱国主义是我们民族精神的核心，是中国人民和中华民族同心同德、自强不息的精神纽带。”近代以来，中国人民为争取民族独立和解放进行的一系列抗争，就是中华民族觉醒的历史进程，就是中华民族精神升华的历史进程。英雄将士“既有血，又有铁，只待去冲锋”，万千群众不畏强敌、同仇敌忾去战斗，海外华侨“组织华侨千百万，复兴民族一条心”……伟大的中国人民抗日战争，使中华民族的觉醒和团结达到了前所未有的高度，创造出“战争

① 李洪兴．从抗战历史中汲取爱国主义精神财富（人民论坛）[N]．人民日报，2022-7-8（04）．

史上的奇观，中华民族的壮举，惊天动地的伟业”。从抗战历史中汲取爱国主义精神财富，必将凝聚起为实现中华民族伟大复兴而奋斗的强大力量。正如习近平总书记深刻指出的：“爱国主义是激励中国人民维护民族独立和民族尊严、在历史洪流中奋勇向前的强大精神动力，是驱动中华民族这艘航船乘风破浪、奋勇前行的强劲引擎，是引领中国人民和中华民族迸发排山倒海的历史伟力、战胜前进道路上一切艰难险阻的壮丽旗帜！”

促成抗日民族统一战线，实现由国内革命战争向民族解放战争的重大转变；提出和实施持久战的战略总方针，为转劣势为优势、变被动为主动提供思想指引；坚持动员人民、依靠人民，使日本侵略者陷入人民战争的汪洋大海之中……在民族危亡的历史关头，中国共产党以卓越的政治领导力和正确的战略策略，同日本侵略者进行了最英勇、最坚决的斗争，支撑起中华民族救亡图存的希望，成为全民族抗战的中流砥柱。自成立之日起就把实现中华民族伟大复兴作为自己的历史使命，中国共产党始终是风雨来袭时中国人民最可靠的主心骨。大力弘扬爱国主义精神，必须知史爱党、知史爱国，坚定道路自信、理论自信、制度自信、文化自信，守护好、传承好党领导人民创立的社会主义伟大事业。

在中国人民抗日战争纪念馆网上的祭奠页面，人们纷纷留下“铭记历史”“开创未来”等感言。在弘扬伟大抗战精神中砥砺前行，是我们这代人的历史责任。爱国不能停留在口号上，必须把自己的理想同祖国的前途、把自己的人生同民族的命运联系在一起，必须把爱党爱国爱社会主义的热情转化为兴家护国、矢志复兴的实际行动。前进道路上，我们仍然会面临各种各样的风险挑战，会遇到各种各样的荆棘坎坷。大力弘扬伟大抗战精神，从抗战历史中汲取爱国主义精神财富，以压倒一切困难而不为困难所压倒的决心和勇气，敢于斗争，善于创造，我们一定能铸就新的时代辉煌、创造新的历史伟业。

从礼乐文化中汲取营养
培育和践行社会主义核心价值观[①]

2021 年是中国共产党成立一百周年。习近平总书记指出："我们隆重庆祝中国共产党成立一百周年，礼序乾坤、乐和天地，击鼓催征、奋楫扬帆，激发了全党全社会奋进新时代的磅礴力量。"这充分说明，盛大庄严、气势恢宏的庆典仪式，具有统一思想、凝聚力量、振奋人心、鼓舞士气的作用。中国传统礼乐文化蕴含着丰富的思想资源，在今天仍有借鉴价值。我们可以创新礼乐文化的载体，通过一定的文化活动形式，让人们特别是青少年获得精神涵养、增进文化认同，发挥礼乐文化对培育和践行社会主义核心价值观的积极作用。

体现文化内涵。习近平总书记指出："培育和弘扬社会主义核心价值观必须立足中华优秀传统文化。"传统礼乐文化是中华优秀传统文化的重要组成部分，蕴含着鲜明的人文精神和道德规范，有助于培养自强不息、仁爱友善等文化品性。要深入挖掘传统礼乐文化与社会主义核心价值观相契合的精神元素，如天下兴亡、匹夫有责的爱国情怀，仁者爱人、博施济众的价值理念，己所不欲、勿施于人的道德准则，并结合新的时代条件赋予其新的时代内涵和表达形式，引导人们从中获得精神陶冶。青少年阶段是人生的"拔节孕穗期"，最需要精心引导和培育。要引导青少年感受礼乐文化，通过情理交融、美善相济的方式，让青少年在学习和生活中感知礼仪、践行道德，推动社会主义核心价值观内化为精神追求、外化为自觉行动。组织开展"道德模范""礼乐之星"等评选活动，发挥榜样的示范带动作用，引导广大群众见贤思齐、谦和有礼、向上向善、推己及人，身体力行社会主义核心价值观。

加强规则引领。习近平总书记指出："礼仪是宣示价值观、教化人民的有效方式，要有计划地建立和规范一些礼仪制度。"发挥礼乐文化在培育和践行社会主义核心价值观中的作用，应按照社会主义核心价值观的基本要求，从国家、社会、个人不同层面分领域、分类别建立健全与现代社会生活相适应、

---

① 蒋笛．从礼乐文化中汲取营养 培育和践行社会主义核心价值观（有的放矢）[N]．人民日报，2022-6-13（11）．

体现时代精神的礼仪规范和公约守则，不断增强人民群众的规则意识和行为自觉。建立健全各类公共场所包括网络公共空间的礼仪、礼节、礼貌规范，健全各行各业体现自身特点的行为准则，修订完善市民公约、乡规民约、学生守则、行业规章、团体章程等，更好发挥其规范、调节、评价人们言行举止的作用，在全社会营造知礼、敬礼、懂礼、守礼的浓厚氛围，以制度建设推动社会主义核心价值观落细落小落实，塑造社会文明新风尚。

注重实践养成。培育和践行社会主义核心价值观，要注重拓展礼乐文化实践方式和途径，提升礼乐文化的影响力和感染力。加大对国家重要礼仪的普及教育与宣传力度，在国家重大节庆活动中体现仪式感、庄重感、荣誉感，彰显传统礼乐文化的时代价值，营造浓厚礼仪文化氛围。组织开展内容丰富、形式多样的礼乐文化活动，增强活动的吸引力和感染力，让人民群众在文化实践活动中有更多的仪式感、参与感、获得感。加强对文艺创作的扶持引导，推出更多弘扬社会主义核心价值观的音乐、戏剧、诗词等文艺作品，以优雅的艺术浸润心田、涵育人心，激发情感共鸣、陶冶道德情操、提升精神境界。借助互联网、新媒体等探索更加丰富生动的表现形式，在公民道德建设、文明城市创建、公共文化惠民、社会治理创新等工作中合理嵌入礼乐元素，让人们在日常工作生活中接受社会主义核心价值观的涵育，逐渐将其内化为自觉践行的行为准则。

第三章

人无德不立

——树立良好的社会主义道德观

实践目标

通过实践活动提高我们自身的道德素质，树立马克思主义道德观，弘扬社会主义道德，自觉传承中华传统美德，积极吸收借鉴人类优秀道德成果，积极投身崇德向善的道德实践，在知行合一中锤炼道德品格，提升道德境界。

学习实践

把造福人民作为终身追求[①]

国无德不兴，人无德不立。习近平总书记指出，在党史学习教育中做到学史崇德，就是要引导广大党员、干部传承红色基因，涵养高尚的道德品质。这一重要论述，阐明了学史崇德的政治要求、政治底色和实现途径。在新的赶考之路上，必须切实接受精神洗礼、陶冶道德情操、永葆政治本色，以永不懈怠的精神状态和一往无前的奋斗姿态，意气风发向第二个百年奋斗目标

① 易一平．把造福人民作为终身追求［N］．学习时报，2021-8-2（A1）．

迈进。

一部百年党史，就是一部践行初心使命、淬炼革命精神、构筑精神家园的历史。中国共产党人通过顽强拼搏、不懈奋斗，构建起以伟大建党精神为精神之源的精神谱系，饱含着对党忠诚的赤胆忠心、奉献牺牲的坚定决心、为民造福的赤子初心、严于律己的廉洁清心，是我们党的宝贵精神财富。学史崇德，就是要传承弘扬党在各个历史时期形成的革命精神，崇尚对党忠诚的大德、造福人民的公德、严于律己的品德，传承红色基因，赓续精神血脉，从中汲取砥砺奋进的强大精神力量。

争做伟大事业的生力军①

崇德向善、严守纪律。习近平总书记指出："做人做事第一位的是崇德修身。"立德，就要明大德、守公德、严私德，既要加强道德修养，也要注重道德实践。广大青年要树立热爱祖国和人民的大德，同时也要从做好小事、管好小节做起，遵守社会公德，守住个人私德。增强规则意识和底线思维，严格遵纪守法。中华优秀传统文化蕴含着许多鼓励人们向上向善的内容。青年要积淀文化底蕴、提升文化素养，汲取中华优秀传统文化精华滋养内心，成长为党和人民需要的德才兼备之人。

校园实践

实践项目一　宿舍装扮——独立自主　和谐共处

（一）实践目的

宿舍装扮不单指环境装饰，更要体现当代大学生文化修养与和谐相处的精神，在装扮完宿舍后要形成微视频，展示装扮主题、过程和效果，重点要讲解宿舍装扮中所蕴含的文化内涵，以宿舍为单位完成。培养学生自主管理的能力，提高学生综合素质，促进和谐校园建设。

---

① 付京香．争做伟大事业的生力军（思想纵横）［N］．人民日报，2022-6-7（09）．

（二）实践组织

本活动以宿舍为单位组织开展。

1. 装扮主题：宿舍装扮包含“清洁卫生”“遵守纪律”“安全防范”“团结互助”“学习氛围”“宿舍文化”六个方面的内容。

2. 活动评选：活动时间一个月，以宿舍为单位将装扮主题、布置过程、最终效果制作成微视频配合 500 字以上的实践报告进行参评。要求视频时长为 3–5 分钟，配有讲解，主题明确，内容齐全，体现宿舍团队成员独立自主、和谐共处画面等。

3. 量化评分：考评总分 100 分。其中，清洁卫生 10 分、遵守纪律 10 分、安全防范 10 分、团结互助 10 分、学习氛围 10 分、宿舍文化 10 分、实践报告 40 分。

（三）实践记录

宿舍装扮——遵守文明 和谐共处			
学院		专业班级	
姓名		实践时间	
1. 你所在的宿舍文化体现在哪里			
2. 你们的宿舍装扮是如何体现社会主义核心价值观的			
3. 文明宿舍建设前后对比，你们宿舍有哪些方面的改变			
4. 实践总结			

实践项目二 行动督导——天地“粮”心 珍食莫蚀

（一）实践目的

国家倡导“厉行勤俭节约，拒绝舌尖上的浪费”，作为学生，应积极响应国家号召，节约粮食、拒绝浪费，传承中华民族勤俭节约的传统美德；厉行节约、反对铺张，养成勤俭节约的好习惯；增强节约意识，提升文明就餐，营造建设节约型校园的良好氛围。

（二）实践组织

1. 活动组织

本活动以班级为单位，在学校各食堂开展光盘行动主题宣讲及就餐文明督导。参与实践的小组成员统一着装，建议佩戴绶带或袖章；活动过程中注意保持场地的整洁及物品的完好。

2. 活动流程

（1）在指导教师带领下进行自由组队，每组 6–8 人，并选出组长；

（2）各小组做好任务选择：光盘行动宣讲或食堂就餐文明督导；

（3）在组长的带领下根据所选任务准备实践方案；

（4）指导教师对各小组实践方案进行分析，提出合理化建议；

（5）根据实践活动方案有序开展实践活动，做好过程记录；

（6）活动结束后，以小组为单位撰写实践总结，并填写实践记录。

（三）实践记录

行动督导——天地“粮”心 珍食莫蚀			
学院		专业班级	
姓名		组员	
实践主题		实践时间	
1. 本次光盘行动的实践方案（可另附页）			
2. 你在本次实践活动做出了哪些贡献			
3. 实践总结			

实践项目三 道德讲堂——学习道德模范 引领道德风尚

（一）实践目的

道德模范是榜样也是力量。通过开展道德讲堂主题实践活动，充分发挥道德模范的引领作用，营造学习道德模范、崇尚道德模范、争做道德模范的浓厚氛围，激发同学们正向的道德认同和道德情感，提倡向道德模范学习，把外在的道德规范内化为自觉遵守的行为准则，大力弘扬社会主义道德新风尚。

（二）实践组织

1. 活动安排

本活动以小组为单位开展榜样故事宣讲；选取的榜样故事要具有代表性、典型性，以行业榜样、身边道德榜样为主；积极参与活动，并记录活动过程，拍摄图片，录制视频，撰写心得体会，按时提交实践小结；根据分工合作情况及作品质量进行评价。

2. 活动流程

（1）在指导教师带领下进行自由组队，每组 6–8 人，并选出组长；

（2）各小组在组长带领下选取典型榜样人物，收集榜样事迹，制作宣讲演示文稿。

（3）在指导教师带领下，班级组织道德讲堂，各小组分别以演示文稿为载体宣讲榜样故事；

（4）宣讲完毕后，在指导教师带领下开展讨论，讲述心中感受，评议榜样事迹，品悟道德力量，升华自身境界；

（5）活动结束后，及时总结实践收获，撰写实践总结，填写实践记录。

（三）实践记录

道德讲堂——学习道德模范引领道德风尚			
学院		专业班级	
姓名		实践时间	
1. 你最敬佩的新时代道德榜样有哪些？请简述事迹			
2. 请描述道德榜样的故事中你最受启发的片段			
3. 你认为新时代大学生应该如何弘扬道德风尚			
4. 实践总结			

实践项目四 亲写家书——传承家风 弘扬美德

（一）实践目的

通过“写家书”实践，让我们表达对父母（或其他长辈）的感恩，向他们汇报明德成才的决心和担当，与他们分享大学生活的点滴，交流各自家庭的好家风，好传统，弘扬家庭美德，激发家国情怀。

（二）实践组织

1. 活动安排

本活动由学生自己独立完成。每人亲笔撰写一封不少于800字的家书，要求有感而发，抒发真情实感；尽量请父母（或其他长辈）给自己回信；建议采用纸质书信，通过邮寄的形式传递；如有困难，也可以选择电子邮件的形式。

2. 活动流程

（1）亲笔撰写家书。

（2）与父母（或其他长辈）联系，投递书信。

（3）查收父母或长辈的回信。

（4）展示交流。在不涉及个人、家庭隐私的前提下，选择优秀的家书作品在班级进行评比、展示。同学之间互相交流家风家教，学习借鉴好的做法，以高度的主人翁精神，传承家国情怀，提升道德境界，引领社会风尚。

（5）活动结束后，及时总结实践收获，填写实践记录。

（三）实践记录

亲写家书——传承家风　弘扬美德			
学院		专业班级	
姓名		实践时间	
1. 家书主要内容是什么（另可附页）			
2. 如果给你未来的子女写信，你想写什么（提纲即可）			
3. 在父母（或其他长辈）的回信中，你领悟到了什么			

社会实践

实践项目五 志愿服务——书写新时代雷锋故事

（一）实践目的

学雷锋志愿服务是践行社会主义道德的重要途径，践行雷锋精神，推进形成“我为人人，人人为我”的和谐社会。通过将志愿服务与自身专业相结合，选取一项力所能及的任务，开展志愿服务活动，在实践中提升道德素养，增强专业本领，以实际行动书写新时代雷锋故事，成长为一名优秀的道德示范者。

（二）实践组织

1. 活动安排

本活动可以由指导教师组织各班级学生分小组完成，志愿服务、拍摄照片、撰写实践报告。以下三个内容可任选其一。

活动 1：服务社区

小组选择就近社区，开展社区志愿服务活动。如帮扶留守儿童、帮扶社区老人等，提交活动照片和感悟。

活动 2：敬老扶孤

到敬老院开展志愿服务，与老人谈心交流，救助老人，给孤寡老人写信，制作问候卡片等，提交活动资料和感悟。

活动 3：交通志愿服务

分小组在高铁站体验问询指引、客流疏导、重点帮扶、文明劝导、寻人寻物、帮运送站六个岗位，协助工作人员，参与志愿服务。

2. 活动流程

（1）在指导教师带领下进行自由组队，每组 6-8 人，并选出组长；

（2）选取实践内容，在指导教师带领下制订实践活动方案；

（3）依据活动方案充分做好准备工作，确保组织纪律和人身安全；

（4）根据实践活动方案有序开展实践活动，并记录服务过程，拍摄图片，录制视频；

（5）活动结束后，及时总结实践收获，撰写实践报告，填写实践记录。

（三）实践记录

志愿服务——书写新时代雷锋故事			
学院		专业班级	
姓名		实践时间	
1. 志愿服务基本情况、做法、经验（可另附页）			
2. 你在本次实践活动中做出了哪些贡献			
3. 实践总结			

思政阅读

崇德向善　德行天下
——道德模范表彰工作塑造时代新风尚[①]

道德的阳光，温暖人间；文明的雨露，滋润社会。

第八届全国道德模范表彰名单公布在即。从 2007 年开始，这项全国性的评选表彰活动每两年举办一届。

品德凝聚人心，榜样感动中国。道德模范表彰工作持续开展，推动全社会形成崇德向善、见贤思齐、德行天下的社会氛围，兴起崇尚模范、关爱模范、争当模范的时代风尚。

弘扬精神　崇尚道德模范

袁隆平、钟南山、郭明义、廖俊波、张富清……一个个沉甸甸的名字，反映全国道德模范名单的含金量。

时势造英雄。党和国家长期高度重视加强社会主义思想道德建设，各地区各部门积极举办道德模范评选、宣传、学习活动，道德模范层出不穷，模范故事深入人心。

——重视群众声音，搞活遴选机制。地方充分发动群众参与推选、举荐、投票、表彰等环节，评选形式因地制宜。

新疆增加民族团结类别道德模范，大力选树来自基层、来自群众身边的团结模范典型，引导人们学习先进、争当模范，把评选的过程变成教育的过程。

——注重社会效益，变革宣传方式。在科技助力下，许多地区在线上线下同时开辟宣传平台，创造多样的模范宣传方式。

北京推出“文明有约・科学抗疫——道德模范家庭防疫科普行动”，由道

---

① 徐壮，范思翔．崇德向善 德行天下——道德模范表彰工作塑造时代新风尚［N］．人民日报，2021-11-5（11）．

德模范带领医疗专家公益团队走进社区，为家庭抗疫常态化提供医学指导。

贵州探索在贵州文明网建设贵州榜样网上展馆，运用图片、文字、视频、实物、模型、互动体验等多种表现形式，全方位、多角度集中展示榜样人物的突出事迹和崇高精神。

中央文明办组织第七届全国道德模范故事汇基层巡演，联动媒体开设“道德模范光明礼赞”专栏，创新报道角度，挖掘动人细节，深入宣传道德模范先进事迹。

短视频、报告文学、公益广告……如今，只要群众看得到的地方，道德模范的故事都有传扬。

礼遇英雄　关爱道德模范

道德模范生动诠释了社会主义核心价值观的丰富内涵，集中体现了思想道德建设的丰硕成果，充分彰显了中华民族昂扬向上的精神风貌。他们，是社会的珍宝。

党和国家对道德模范格外关心关爱，中宣部、中央文明办连年组织开展慰问帮扶全国道德模范活动；各地也建立健全了关爱道德模范工作常态机制，从政治上、工作上、生活上关爱道德模范，解决他们的实际困难。

——制定保障政策。云南印发《“云岭楷模”关怀工作意见》和《云南省帮扶困难道德模范暂行办法》《云南省礼遇和管理道德模范实施办法（试行）》等文件，各州市也制定相应实施办法。

——安排专项资金。江西的“江西好人故事会”进基层活动已持续开展近3年，每月开展2至3场，每场遴选3名困难典型发放帮扶金。

——发动社会帮扶。广西通过专项资金、道德基金、社会捐助、志愿服务等方式，对生活困难的道德模范进行结对帮扶。

——提供社会平台。安徽推荐道德模范参选“两代表一委员”，10名全国道德模范及候选人当选党的十九大代表，300多名道德模范入选各级“两代表一委员”。

德者有得，好人好报。受到关心关爱的道德模范或其家属们深受感动，他们纷纷表示，感谢党和政府关怀，要谦虚谨慎，再接再厉，不负期望，传承道德力量，助推社会进步。

凝聚人心　争当道德模范

榜样的力量是无穷的。全国各地积极发挥道德模范的榜样和引领作用，推动社会形成崇德向善的风气，人们见贤思齐的氛围日益浓厚。

——以点带面。湖北组建一批以全国道德模范名字命名的公益组织，让广大道德模范团结引导人们争做崇高道德的践行者。其中，以全国道德模范吴天祥命名的吴天祥小组，已由最初的数百个发展到现在的1万多个，10万多名小组成员常年活跃在街道社区开展道德实践活动。

——以身作则。2019年9月，江苏文艺界启动“明德行动”，发出《自觉用明德引领风尚倡议书》，5位德艺双馨的老艺术家被推举为江苏文艺界“明德模范”，积极号召广大文艺工作者争做有信仰、有情怀、有担当的新时代文艺工作者。

——以德为邻。上海市充分发挥模范“传帮带”作用，成立萍聚工作室、王曙群工作室、依嘉劳模服务创新工作室等模范工作室，利用模范专业所长和资源吸附作用，为群众办实事、办好事，形成“点亮一盏灯、照亮一大片”的良好效应。

不少地区还以新时代文明实践中心、社会爱心团体等为支点，将道德实践进一步扎根基层。放眼神州，道德模范助人为乐、见义勇为、诚实守信、敬业奉献、孝老爱亲的崇高品格，成为越来越多人的追求。

“持续推出各行各业先进人物，广泛推荐宣传最美人物、身边好人，让不同行业、不同群体都能学有榜样、行有示范，形成见贤思齐、争当先进的生动局面。”《新时代公民道德建设实施纲要》提出的愿景，正在一步步变成现实。

第四章

奉法者强

——学习贯彻依法治国观念

实践目标

通过实践，掌握全面依法治国战略的地位及重要意义，理解全面依法治国的总目标和重要任务，掌握中国特色社会主义法治道路的意蕴，深刻领悟习近平法治思想。进一步增强尊法学法守法用法意识；弘扬社会主义法治精神，增强法治观念，树立起“守法光荣，违法可耻”的法治文化导向；强化规则意识，树立正确的权利义务观；自觉成为法治的忠实崇尚者、自觉遵守者和坚定捍卫者。

学习实践

加大全民普法工作力度　推进法治中国建设[①]

习近平法治思想是新时代全面依法治国的根本遵循和行动指南。深刻领会“两个确立”的决定性意义，增强“四个意识”、坚定“四个自信”、做到

① 李洪雷．脚踏中国大地宣讲中国法治［N］．人民日报，2022-7-14（13）．有删节。

"两个维护"，增强全社会对习近平法治思想的政治认同、思想认同、理论认同和情感认同，是法治宣讲的重要使命。深刻把握习近平法治思想的精髓要义，要把握正确政治方向，要全面系统准确，要有开阔的视野。

进行法治宣讲，要弘扬传播正确的法治价值，慎思明辨、扬清激浊，保证法治建设沿着正确的轨道进行。在习近平法治思想的指引下，推动全社会尤其是领导干部提高运用法治思维和法治方式解决问题的能力。坚持公平正义这一法治价值追求，推动全社会尊法学法守法用法。不断深化对法治内在逻辑和发展规律的认识和阐释，充分发挥法治固根本、稳预期、利长远的保障作用。

我们建设的法治，是中国的法治而不是别的什么国家的法治。我们宣讲的法治，是中国的法治，是符合中国国情的法治道路，是满足中国人民需求的法治体系，是反映中国人民智慧的法治模式。

要坚定法治自信。新中国成立70多年来，我国之所以创造出经济快速发展、社会长期稳定"两大奇迹"，同步推进社会主义法治建设有着十分紧密的关系。进行法治宣讲，一定要把我国法治建设成就讲清楚，更加牢固树立对中国法治道路、法治体系、法治模式的自信。

要善于向实践学习。实践是理论之源，在中国的法治建设中，有大量鲜活的经验。要通过调查研究，不断提炼总结法治实践中好的经验，并反映到我们的讲稿中。

要勇于面对问题和挑战。我国的法治建设取得了巨大的进步和成绩，同时还存在一些短板与不足，也面临困难与挑战。在法治宣讲时，要从建设者的角度，积极建言献策、添砖加瓦，推动继续加以完善。

法治是人权最有效的保障①

"金豆豆，银豆豆，豆豆不能随便投；选好人，办好事，投在好人碗里头。"新中国成立前，在抗日根据地、解放区的广大农村，广泛流传着这样一

① 仲音.法治是人权最有效的保障（人民论坛）——坚定不移走中国人权发展道路[N].人民日报，2022-7-11（04）.

首民谣，生动反映了当时“豆选”的情况。由于绝大多数农民不识字，中国共产党创造性地提出用豆子代替选票，保障农民平等享有选举权。1953年，新中国成立不久即颁布《选举法》。一脉相承的做法，充分彰显了我们党始终注重运用法治方式保障公民各项权利，不断加强人权法治保障。

法治是人类文明进步的标志。习近平总书记强调，“法治是人权最有效的保障”“要加强人权法治保障，深化法治领域改革，健全人权法治保障机制”。在推进全面依法治国的伟大进程中，中国将人权保障贯穿于科学立法、严格执法、公正司法、全民守法等各个环节：尊重和保障人权成为立法的一条重要原则，以宪法为核心的中国特色社会主义法律体系不断完善；依法行政深入推进，行政权力运行更加规范；深化司法改革，努力让人民群众在每一个司法案件中感受到公平正义；法治社会建设向纵深发展，全社会法治观念和人权法治保障意识显著增强；中国共产党坚持依法执政，为人权法治化保障提供了坚强保证。

全面依法治国，全方位提升人权保障法治化水平，保证人民享有更加充分的权利和自由，努力实现社会公平正义，更好推动人的全面发展、社会全面进步，是中国共产党的坚定意志和不懈追求。继续深化法治领域改革，健全人权法治保障机制，充分发挥法治对人权的保障作用，持之以恒，久久为功，我们一定能保证人民享有更加充分的权利和自由，更好推动人的全面发展、社会全面进步，让中国特色社会主义人权发展道路结出更多硕果。

校园实践

实践项目一　谈“典”说法——学习《习近平用典》法治篇

（一）实践目的

党的十八大以来，全面依法治国步入“快车道”，习近平总书记多次引用典故，“典”明全面依法治国要义，本次实践活动旨在深入学习习近平总书记关于全面依法治国的重要论述，深入理解全面依法治国之要义，掌握全面依法治国战略的地位及重要意义，理解全面依法治国的总目标和重要任务，掌握中国特色社会主义法治道路的意蕴，深刻领悟习近平法治思想。

（二）实践组织

1. 活动安排

学习《习近平用典》法治篇，分享故事。本活动分小组完成，收集整理习近平法治思想相关用典资料，将谈“典”说法过程用图片、视频等形式记录下来，在视频号、抖音、快手等平台展示分享。

2. 活动流程

（1）在指导教师带领下进行自由组队，每组 3–4 人；

（2）选择部分《习近平用典》（法治篇）的经典句子，并制作“讲典”演示文稿；

（3）查阅资料，记录笔记，阐释典故内容、出处；

（4）以班级为单位进行“讲典”分享，展示“讲典”课件，讲解习近平总书记在哪篇文章中引用了古典名句，讲解名句出处，原典内容，释义，习近平总书记是如何论述的。每位成员都参与讲解并联系自身实际总结自己的理解和收获。

3. 资料参考

“国无常强，无常弱。奉法者强则国强，奉法者弱则国弱。”——2014 年 9 月 5 日习近平总书记在“庆祝全国人民代表大会成立六十周年大会”的讲话

“立善法于天下，则天下治；立善法于一国，则一国治。”——2014 年 2 月 17 日习近平总书记在“省部级主要领导干部学习贯彻十八届三中全会精神全面深化改革专题研讨班”的讲话

“道私者乱，道法者治。”——2014 年 10 月 8 日习近平总书记在“党的群众路线教育实践活动总结大会”的讲话

“盖天下之事，不难于立法，而难于法之必行。”——2015 年 6 月 26 日习近平总书记在“十八届中央政治局第二十四次集体学习”的讲话

“法令既行，纪律自正，则无不治之国，无不化之民。”——2018 年 1 月 11 日习近平总书记在“中共十九届中央纪委二次全会”的讲话

“治国者，圆不失规，方不失矩，本不失末，为政不失其道，万事可成，其功可保。”——2013 年 11 月 12 日习近平总书记在“党的十八届三中全会第

二次全体会议”的讲话

“法与时转则治，治与世宜则有功。”——2018 年 2 月 24 日习近平总书记在“十九届中央政治局第四次集体学习”的讲话

“法者，治之端也。”——2015 年 9 月 22 日习近平总书记在华盛顿州当地政府和美国友好团体联合欢迎宴会的演讲

“举直错诸枉，则民服；举枉错诸直，则民不服。”——2014 年 10 月 23 日习近平总书记在“党的十八届四中全会第二次全体会议”的讲话

“法令行则国治，法令弛则国乱。”——2014 年 9 月 5 日习近平总书记在“庆祝全国人民代表大会成立六十周年大会”的讲话

“人心似铁，官法如炉。”——2015 年 2 月 2 日习近平总书记在“省部级主要领导干部学习贯彻党的十八届四中全会精神全面推进依法治国专题研讨班”的讲话

“杀人者死，伤人及盗抵罪。”——2015 年 1 月 13 日习近平总书记在“第十八届中央纪律检查委员会第五次全体会议”的讲话

“有道以统之，法虽少，足以化矣；无道以行之，法虽众，足以乱矣。”——2015 年 2 月 2 日习近平总书记在“省部级主要领导干部学习贯彻党的十八届四中全会精神全面推进依法治国专题研讨班”的讲话

“为国也，观俗立法则治，察国事本则宜。不观时俗，不察国本，则其法立而民乱，事剧而功寡。”——2014 年 10 月 23 日习近平总书记在“党的十八届四中全会第二次全体会议”的讲话

（三）实践记录

<table>
<tr><th colspan="4">谈“典”说法——学习《习近平用典》法治篇</th></tr>
<tr><td>学院</td><td></td><td>专业班级</td><td></td></tr>
<tr><td>姓名</td><td></td><td>实践时间</td><td></td></tr>
<tr><td colspan="4">1. 你收集到的关于法治的典故是什么？此典故内容释义是</td></tr>
<tr><td colspan="4">2. 习近平在哪篇文章中引用了此典故，他是如何论述的</td></tr>
<tr><td colspan="4">3. 请联系自身实际谈谈对该典故的理解</td></tr>
<tr><td colspan="4">4. 实践总结</td></tr>
</table>

实践项目二　推介交流——优秀政法题材影视作品分享

（一）实践目的

通过本次实践活动深刻理解全面依法治国重大战略的形成、发展历程，了解中国特色社会主义法治体系，进一步增强尊法、学法、守法、用法的法治意识。

（二）实践组织

1. 活动安排

此次观影学法活动由班委会或社团组织开展，学生可自行搜索中央政法委于 2019 年推荐的“70 年 70 部优秀政法题材影视作品”名录或选取近年的政法题材影视作品，然后分小组进行分享和讨论，提前准备好影视作品分享推介词，制作推介演示文稿或者剪辑推介视频，在班会或者社团活动中汇报分享。

2. 活动流程

（1）自由分组：5-8 人一组，选定观影作品；

（2）自行观影，并做下观影笔记；

（3）小组内讨论，围绕作品的简要内容、观看作品所学习到的法治理念与法治知识进行介绍分享，交流体会；

（4）小组成员分工合作，选择其中 1 部影视作品作为推介交流成果进行展示，制作推介演示文稿或剪辑小视频，并准备好交流汇报。

（5）邀请老师参与点评，学生互评。将分享交流的推介词、课件、视频等成果形成图文并茂的报告进行展示分享。

3. 资料推荐

政法题材影视作品推荐

电影：《羊城暗哨》《永不消逝的电波》《冰山上的来客》《保密局的枪声》《戴手铐的旅客》《今天我休息》《龙年警官》《红杜鹃白手套》《疑案忠魂》《任长霞》《女检察官》《风声》《南平红荔》《全民目击》《警察故事 2013》《警察日记》《黄克功案件》《十二公民》《反腐枪声》《无法证明》《湄公河行动》《邹碧华》《刺儿头》《心理罪》《特别追踪》《我是检察官》《幸福马上来》

《大人物》等。

电视剧:《便衣警察》《九·一八大案纪实》《针眼儿警官》《西部警察》《英雄无悔》《潘汉年》《李克农》《大法官》《警察李久平》《誓言无声》《荣誉》《公安局长》《蜕变》《无愧苍生》《心跳》《暗算》《偷心之间》《无国界行动》《交通警察》《无罪辩护》《女监档案》《苍天》《潜伏》《防线》《大漠高墙》《营盘镇警事》《便衣警官》《悬崖》《湄公河大案》《守望正义》《刑警队长》《伪装者》《小镇大法官》《人民检察官》《阳光下的法庭》《执行利剑》《归去来》《天下无诈》《因法之名》《破冰行动》《人民的名义》等。

（三）实践记录

推介交流——优秀政法题材影视作品分享			
姓名		专业班级	
组别		实践时间	
1. 你们组推介的是哪部影视作品？请简介其内容			
2. 该作品反映了哪些法治理念、法治知识			
3. 观影体会			

实践项目三 视频创作——遵纪守法 从我做起

（一）实践目的

通过此次实践学习活动，深入理解依法治国的遵循和要求，掌握新时代提升法治素养的途径，不断进行理论知识的内化迁移，用所学理论指导学习和实践；形成崇法尊法的使命感、责任感；形成主动学习法治思想的自觉。

（二）实践组织

1. 活动安排

本活动在指导教师的带领下完成，分组拍摄以“校园贷款”“校园防疫”“校园网络”“校园暴力”等为主题的法治小视频，时长要求 5–10 分钟。

2. 活动流程

（1）在指导教师的带领下自行分组，商定主题。

（2）独立创作剧本，经由指导教师审定后拍摄小视频，可根据具体情况规定作品的技术参数、使用软件等具体要求，时限可定为 1–2 个月。

（3）各小组间互相交流拍摄内容、拍摄思路，强调活动注意事项。结合各小组拍摄内容和思路，强化拍摄内容所对应理论知识的指导，记录活动注意事项要点，参考教师指导意见，优化拍摄方案。

（4）做好成果展示，请教师指导点评作品，对活动任务逐步优化，提出修改意见，针对作品中的问题继续完善。

（5）同学们将作品进行剪辑，在公众平台进行宣传展示，组织师生观看推广，并进行活动总结。

（三）实践记录

视频创作——遵纪守法　从我做起			
学院		专业班级	
姓名		实践时间	
1. 作品简介（包括作品名称、角色扮演、故事情节简介等）			
2. 你在视频创作中做了哪些工作			
3. 实践总结			

社会实践

实践项目四 普法宣传——法治文化活动进社区

（一）实践目的

通过本次实践活动，深入学习习近平总书记关于全面依法治国的重要论述，培养学生参与志愿服务、乐于奉献精神，弘扬社会主义法治精神，增强法治观念，培养法治思维，做法治文化的宣传者、实践者。

（二）实践组织

本活动可以与前文的“三下乡”活动相结合，通过乐器演奏、演唱改编歌曲、舞蹈等方式，对法律知识进行别样生动的阐释；并向社区居民发放宪法、民法典宣传手册，以通俗易懂、生动有趣的语言宣讲宪法知识，普及民法典精神，将法治文化以时尚青春的方式带进社区、带到乡村。

1. 活动简介

本次活动通过快闪的方式，以包括歌曲演唱、合奏、诗朗诵等舞台表演形式的普法会演，对《宪法》《民法典》、依法疫情防控及其他普法宣传知识，创作集体演唱普法歌曲、普法情景剧、普法舞台剧等法治文化作品，积极创新法治宣传载体、丰富法治宣传形式，为高校营造良好法治氛围。

2. 活动步骤

（1）在指导教师的带领下自行分组，或结合前文“三下乡”活动进行；

（2）确定主题，各组从捍卫宪法权威、“典”亮美好生活、依法防控疫情、热点问题普法宣传等中任选；

（3）创作、学习、排练普法歌曲，准备伴奏，确定活动时间地点，组织完毕后统一到相关部门完善手续；

（4）快闪步骤：提前清空指定地点的行人，所有人员必须在指定时间内到达，统一迅速集中准备，约 10 秒后开始合唱普法歌曲，宣传普法知识，控制在预计时间（3–5 分钟）内演唱完毕，有组织有纪律地退场。

3. 活动注意事项

（1）以“习近平新时代中国特色社会主义思想”与“习近平总书记全面

依法治国的重要论述”为理论基础，围绕党和国家工作大局，突出学习宣传宪法，加强民法典宣传，宣传新颁布实施的法律法规，深入学习宣传党内重要法规；

（2）结合新冠肺炎疫情常态化防控形势，学习宣传《传染病防治法》《野生动物保护法》《突发事件应对法》《国境卫生检疫法》等法律法规；

（3）结合社会热点事件和人民群众普遍关心的法律热点问题，宣传与人民群众生产生活密切相关的法律法规等；

（4）做到有组织有纪律，展现当代大学生风采；

（5）安全第一，必须谨记在心。

（三）实践记录

普法宣传——法治文化活动进社区			
学院		专业班级	
姓名		实践时间	
普法主题		展示形式	
1. 你在普法宣传展示活动中得到了哪些提升或知识（可另附页）			
2. 实践总结			

实践项目五　庭审观摩——“零距离”接受法制教育

（一）实践目的

此次法院旁听实践活动旨在通过“零距离”接触庭审的方式以案说法，让同学们近距离、立体式接触法律，更为深刻感受到法律的神圣和司法的公开透明，从而进一步感受坚持全面依法治国战略的重要意义，提高法治意识，从尊重法律权威、学习法律知识、养成守法习惯、提高用法能力四个方面全方位提升自己的法治素养。

（二）实践组织

1. 活动流程

活动前的准备：先与当地人民法院联系，做好旁听案件的组织交接工作，在接到法院通知的当天由负责人向法院提交申请书；以小组（每组 10 人左右）为单位做好人员的登记工作，以便统一组织；召开出发前准备会议，由负责人提出活动要求（如带着问题与目的参观法院、注意文明礼貌、撰写观后感等）；在校园集合，统一前往人民法院，请同学们带上学生证，以便法院工作人员核对身份。

活动开展阶段：参观法院。负责人带队到达法院后，各小组清点人数，整理队伍，负责人办理好相关手续后，分组进行参观活动；分小组依次参观法院诉讼服务大厅、信访接待室、互联网法庭、党建文化长廊、档案室及警示教育基地等，详细了解法院立案、审判、执行等工作的相关流程、智慧法院建设、党建及廉政建设等情况。

旁听庭审：先由法院领导介绍本次案件的具体内容（包括案件的性质、案情、及相关的工作人员）；由法院领导介绍本次旁听的注意点，组长注意组织小组纪律；分组依次入座，小组负责人坐于一侧第一位；旁听结束后向法官提问，就案件证据如何认定、人民陪审员制度及工作、合议庭意见分歧时应如何解决等具体问题同审判员及人民陪审员进行交流；向法院工作人员诚意致谢，负责人组织整队有序离场返校。

活动结束阶段：依照前期阶段在准备会议上的要求，同学们各自撰写参观法院的观后感，由小组负责人对本小组参观资料图片进行汇总，整理记录内容，制作演示文稿，集中汇报展示；负责人对各小组汇报查阅修改后及时总结，同时做好宣传工作。

2. 人民法院旁听规则

诉讼参与人应当遵守法庭规则，维护法庭秩序，不得喧哗、吵闹；发言、陈述和辩论，须经审判长或者独任审判员许可。

公开审理的案件，公民可以旁听；根据法庭场所和参加旁听人数等情况，需要时，持人民法院发出的旁听证进入法庭。

下列人员不得旁听：未成年人（经法院批准的除外）；精神病人和醉酒的人；其他不宜旁听的人。旁听人员必须遵守下列纪律：不得录音、录像和摄影；不得随意走动和进入审判区；不得发言、提问；不得鼓掌、喧哗、哄闹和实施其他妨害审判活动的行为。

对哄闹、冲击法庭，侮辱、诽谤、威胁、殴打审判人员等严重扰乱法庭秩序的人，依法追究刑事责任；情节较轻的，予以罚款、拘留。对违反法庭规则的人采取强制措施，由司法警察执行。

（三）实践记录

<table>
<tr><th colspan="4">庭审观摩——“零距离”接受法制教育</th></tr>
<tr><td>学院</td><td></td><td>专业班级</td><td></td></tr>
<tr><td>姓名</td><td></td><td>实践时间</td><td></td></tr>
<tr><td>地点</td><td></td><td>观摩案件名称</td><td></td></tr>
<tr><td colspan="4">1. 案情简介及庭审过程</td></tr>
<tr><td colspan="4">2. 庭审中出现的法律知识点</td></tr>
<tr><td colspan="4">3. 旁听实践学习体会</td></tr>
<tr><td colspan="4">4. 实践总结</td></tr>
</table>

思政阅读

执法，有力度还要有温度①

先看一则故事：

某地警察执法时看到违法人员的妻子和两个年幼的孩子在抓捕现场，已经掏出一半的警察证又被迅速塞了回去，警察说是孩子父亲的工友，找他有事，忙完了就回来。在警车上，违法人员感动、惭愧、后悔，对违法事实供认不讳。

秉公执法，有时也需要考虑环境因素，公正无私中带有温度，实现良法善治。对当事人来讲，人性化的执法比冷冰冰的执法，更容易让人口服心服；对周围群众来讲，带有温度的执法比简单生硬的执法，更容易让人感受法治的价值。

建设法治国家，当然要有法必依，执法必严。然而严格依法办事，并不意味着所有的执法活动都是雷霆万钧式的。我国行政处罚法就规定，实施行政处罚，纠正违法行为，应当坚持处罚与教育相结合，教育公民、法人或者其他组织自觉守法。初次违法且危害后果轻微并及时改正的，可以不予行政处罚。文明执法、柔性执法，如春风化雨，有时能更好促进法理情相统一，更能实现执法的最终目的。

严格执法的同时，文明执法、柔性执法，对执法者提出了更高的标准。要达到这一标准，除了掌握法律法规政策及其精神，更重要的是要心怀对老百姓的感情，站在群众的角度去考虑问题。

比如说，有的地方公路装有限高的标志和挡杆，可还是时不时发生货车被“削顶”的事情。许多司机反映，标志牌设置不合理，等看到时，根本来不及刹车了。试想，如果执法者能站在被管理者角度多考虑一下，实地探察、合理设置交通标志牌，给驾驶人员留出更多的准备距离，这样的违法行为将

① 徐隽．执法，有力度还要有温度（金台锐评）[N]．人民日报，2022-8-18（19）．

大大减少甚至可以完全避免。

行政执法工作面广量大，直接关系群众对党和政府的信任、对法治的信心。日前，国务院决定，取消 29 个罚款事项，调整 24 个罚款事项。进一步规范行政裁量权、取消和调整一批罚款事项有关工作正在进行。清理工作贯彻了以人民为中心的发展思想。

只有坚持以人民为中心的发展思想，充分考虑执法对象的切身感受，持续规范执法行为，宽严相济、法理情相融，才能把严格规范公正文明执法的要求落到实处，才能树立法治权威和法治信仰，才能不断增强人民群众的法治获得感。

依法治军要做到“法之必行”①

习近平主席多次强调，天下之事，不难于立法，而难于法之必行。近几年，党、国家和军队着眼贯彻全面依法治国方略，制定出台一系列法律法规，涉及治党治国治军各个领域、方方面面，全党全军进入了“新法规时间”。深入学习领会习近平法治思想、坚持落实全面依法治国要求，关键要增强依法治军的落实刚性，以实际行动推动各项法律法规在部队有效落实、落地生根，真正做到“法之必行”。

法治贵在心有所敬。“法者，治之端也。”尊崇法治、敬畏法律，是现代社会的共识。法治必须被信仰，否则就形同虚设。法治铭刻在心，方能牢不可破。必须从培植法治文化、强化法治信仰入手，用思想引领、政治教育、文化熏陶这些蓄底蕴、管长远的办法，解决好法治常识匮乏、法治思维淡化，学法不尊法、知法不用法等突出问题，让法治理念、法治精神内化为心性、外化为自觉，推动部队尊法、学法、知法、用法、守法。

法治重在律有所循。党的十八大以来，依法治军实践取得重大进展，中国特色的军事法治体系不断完善成熟，现在紧迫的是，“上位法”缺失的问题已经得到很好解决，但末端执行的“度量衡”亟待进一步细化明确。要引导各级树牢法治思维，对照各自“责任清单”细化规范“权力清单”，自觉做到

① 霁云．依法治军要做到“法之必行”[N]．学习时报，2022-8-15（A6）．

按权限依法履职，凡事按政策办、按法规办、按程序办，该上会的要上会研究，该征求意见的要征求意见，使各项工作始终在法治轨道上依法开展、有序运行，真正把“纸上的法律”变为“行动中的法律”，让法纪刚性生威、落地砸坑。

法治要在上行下效。军之大事，命在于将。抓住领导干部这个“关键少数”，是推动和衡量依法治军成效的关键一环。党性原则、法治意识、政策水平，是一级党委、领导干部必备的格局和水平。领导干部落实依法治军、提高法治能力，要模范带头做好样子，自觉强化法治素养，牢固树立“法无授权不可为”的思想，切实把法治思维贯彻到作决策、搞指导、抓落实的全过程，使每项工作都经得起法规制度的检验，使维护法治尊严、捍卫法纪权威成为习惯自觉。要坚持官兵主体地位，加强舆论监督、群众监督，真正把公开透明作为最管用的手段，让权力任性、暗箱操作没有空间。

法治成在奖罚分明。奖罚分明历来是治军通则。执法必严是法治精神的核心。出台一部法律、明确一个规定，能不能有效落地落实，关键看约束惩戒是不是生效，否则就会降低法规制度的威信。要充分发挥法规的惩戒作用和震慑功能，让各级心有所畏、言有所戒、行有所止，对违规违纪的人和事要敢抓敢管、真抓严治，切实做到“法无例外”“法无特赦”，坚决维护法规制度的权威性和严肃性，真正让铁规发力，让禁令生威。

法治锐在居高制敌。习近平主席强调，要加强涉外军事法治工作，统筹谋划军事行动和法治斗争，健全军事领域涉外法律法规，更好用法治维护国家利益。现代战争中，认知战在一定程度上表现为舆论战法律战，法理上站不住脚，舆论上很难打得赢。舆论战、法律战、心理战三者密不可分、互为因果。从 2022 年以来俄乌冲突看，国防军队实力和舆论法治手段，越来越成为占据道义高地、争取政治主动、最终克敌制胜的关键。要结合使命任务加强现实课题研究，进一步完善方案预案和应对措施，力求做到法为我所用，因战释法、依情创法、巧妙避法，让议题转移到我们需要的方向，始终占据话语权高地，跟进服务军事外交斗争大局。

第二部分

明理铸魂

第五章

伟大真理永放光芒

——开辟马克思主义中国化时代化新境界

实践目标

通过实践，深刻领会马克思主义是认识世界、把握规律、追求真理、改造世界的强大思想武器，从而坚定马克思主义信仰，坚持马克思主义基本原理不动摇，坚持以人民为中心的发展思想。培养我们解放思想和实事求是相统一，培元固本和守正创新相统一，不断深化理论认识，提高思想政治觉悟。

学习实践

不断推进马克思主义中国化时代化①

中国特色社会主义进入新时代，我国发展站在了新的历史方位上。习近平总书记指出："马克思主义能不能在实践中发挥作用，关键在于能否把马克

① 陈煦，杨清柏，周清．北京市习近平新时代中国特色社会主义思想研究中心，不断推进马克思主义中国化时代化（人民要论）[N]．人民日报，2022-5-24（09）．

思主义基本原理同中国实际和时代特征结合起来”“我们要特别重视挖掘中华五千年文明中的精华，把弘扬优秀传统文化同马克思主义立场观点方法结合起来，坚定不移走中国特色社会主义道路”。以习近平同志为主要代表的中国共产党人，坚持把马克思主义基本原理同中国具体实际相结合、同中华优秀传统文化相结合，深刻总结并充分运用党成立以来的历史经验，从新的实际出发，创立了习近平新时代中国特色社会主义思想。这一思想，既立足于现实的中国，又植根于历史的中国，用马克思主义观察时代、把握时代、引领时代，把马克思主义的思想精髓同中华优秀传统文化的精神特质融会贯通起来，是坚持“两个结合”创新发展马克思主义的典范。

在守正创新上实现新作为①

马克思主义为人类社会发展进步指明了方向，是我们认识世界、把握规律、追求真理、改造世界的强大思想武器，是我们立党立国、兴党强国的根本指导思想，是我们坚持守正创新要守住的“根本”。同时，马克思主义不是教条而是行动指南，必须随着实践发展而发展，必须中国化才能落地生根、本土化才能深入人心，这是一代代中国共产党人不断推进理论创新的原因所在。百年来，我们党坚持解放思想和实事求是相统一、培元固本和守正创新相统一，不断开辟马克思主义新境界，创立了毛泽东思想、邓小平理论，形成了“三个代表”重要思想、科学发展观，创立了习近平新时代中国特色社会主义思想，指导党和人民事业不断开创新局。当代中国正在经历人类历史上最为宏大而独特的实践创新，如何回答好中国之问、世界之问、人民之问、时代之问？如何不断推进马克思主义中国化时代化？根本在于把坚持马克思主义和发展马克思主义统一起来，继续推进马克思主义基本原理同中国具体实际相结合、同中华优秀传统文化相结合。我们要全面贯彻习近平新时代中国特色社会主义思想这一当代中国马克思主义、二十一世纪马克思主义，在习近平新时代中国特色社会主义思想科学指引下，勇于结合新的实践不断推进理论创新，善于用新的理论指导新的实践，让马克思主义在中国大地上展

① 田鹏颖．在守正创新上实现新作为（思想纵横）[N]．人民日报，2022-2-15（07）．

现出更强大、更有说服力的真理力量。

校园实践

实践项目一 主题演讲——马克思，你是对的

（一）实践目的

演讲是在公众场合，以有声语言为主要手段，以体态语言为辅助手段，针对某个具体问题，鲜明、完整地发表自己的见解和主张，阐明事理或抒发情感，进行宣传鼓动的一种语言交际活动。通过关于马克思的主题演讲实践活动，让我们自主学习马克思主义理论形成的时代背景，了解马克思、恩格斯崇高的理想信念、高尚的道德情操，深刻理解马克思主义理论的科学性、崇高性，培养学生口头表达能力、逻辑思维能力、共情能力。

（二）实践组织

1. 活动安排

本活动在教师指导下组织开展，个人或者组队参与均可。认真阅读关于马克思的书籍，如《马克思靠谱》；也可以观看视频，如《马克思是对的》。用演讲比赛的形式，联系自身思想实际，围绕马克思独创性、洞察力和系统的眼光讨论其在新时代大学生在新征程的奋斗道路上有怎样的启示作用，真情实感地表达感想和收获。

2. 活动流程

（1）阅读或观看关于马克思的书籍、视频；

（2）收集资料，结合自己的专业和职业发展，撰写演讲稿“马克思，你是对的”；

（3）参加演讲比赛，可以是个人参赛，也可以是团队参赛（1–3 人）。

3. 量化评分

（1）演讲稿条理清晰、说理充分、体会深刻、见解独到，充满正能量 40 分；

（2）语言表达流畅，普通话标准，节奏张弛有度 20 分；

（3）仪态大方，举止得体，脱稿并灵活运用语调语态，注意演讲技巧30分；

（4）临场综合表现10分；

（5）时间控制在5-8分钟，时间不够或者超时扣10分。

（三）实践记录

<table>
<tr><th colspan="4">主题演讲——马克思，你是对的</th></tr>
<tr><td>学院</td><td></td><td>专业班级</td><td></td></tr>
<tr><td>姓名</td><td></td><td>实践时间</td><td></td></tr>
<tr><td colspan="4">1. 请简述你阅读的书籍或观看的视频</td></tr>
<tr><td colspan="4">2. 请简述你的演讲稿</td></tr>
<tr><td colspan="4">3. 你认为马克思思想对你今后的学习生活有哪些意义</td></tr>
</table>

实践项目二 制作手抄报——马克思主义中国化时代化

（一）实践目的

制作手抄报可以激发学习兴趣，开拓视野，同时培养动手动脑的习惯。通过马克思主义中国化时代化手抄报制作实践活动，深化对马克思主义中国化时代化理论成果的认识；在实践过程中，也可以培养团队合作能力、沟通协调能力、把握知识要点的能力、提升审美水平。

（二）实践组织

1. 活动主题

可以在以下主题中任选一个或几个作为手抄报的主题："马克思主义真理永放光芒""马克思主义是科学的理论""马克思主义是人民的理论""马克思主义是开放的理论""马克思主义是实践的理论""马克思主义中国化时代化的理论成果""马克思主义中国化时代化的光辉历程""马克思主义中国化时代化的宝贵经验"。

2. 活动流程

（1）由指导教师布置手抄报任务，简单讲解报纸排版原则，宣布注意事项。

（2）自行分组，确定主题，收集素材。

（3）在老师指导下，各小组制作完成手抄报，时限建议以 2 周为宜。

（4）优秀作品评比、展示。以班级为单位，由任课老师和班级同学评选出本班优秀作品，在布告栏中展示；如有条件，也可以进行班级之间的竞争比赛，由全体师生投票选出优秀作品，确定一等奖、二等奖、优秀奖等作品，并予以展示，也可以给予奖励。

3. 注意事项

（1）一个版面至多一个主题；

（2）统一纸张尺寸与字号；

（3）须以文字为主，配图点缀，文字排版须遵循排版原则；

（4）须全版手写，不得打印、粘贴。

（三）实践记录

制作手抄报——马克思主义中国化时代化			
学院		专业班级	
姓名		实践时间	
1. 活动过程中组内是如何分工的，你在活动过程中起到哪些重要作用			
2. 简述手抄报内容中体现的主要思想			
3. 通过实践活动你有哪些收获			

社会实践

实践项目三 专题访谈——外国人眼中的“中国道路”

（一）实践目的

近年来，随着我国综合国力和国际地位上升，国际上关于“中国模式”“中国道路”的议论和研究也多了起来，其中不乏赞扬的声音。我们身边的外国人是如何看待中国道路的呢？为此，本次实践活动就“中国道路”对身边的外国人进行专题访问，让学生从更广阔的国际视野认识马克思主义中国化时代化，认识中国道路。此次实践可以培养团队合作能力、归纳总结能力、文字组织能力、口语表达能力等。

（二）实践组织

1. 活动准备

（1）准备好记录工具，如笔记本、手机、录音笔等。

（2）自行分组，3-5 人组成一个团队。

（3）确定访谈对象，访谈对象可以是本校的外籍教师、留学生，也可以是来中国旅游、工作的外籍人员，访谈对象的国籍尽可能覆盖发展中国家与发达国家，尽可能联系到对中国有一定了解，从事社会研究的人员作为访谈对象。

（4）设计访谈提纲。根据访谈对象基本情况（如国籍、年龄、职业等）、对中国的了解情况（包括来中国的时间、原因等）设计相应问题，来引导访谈对象结合所见所闻所感谈对中国发展道路的认识，对中国的发展成就、模式选择等进行评价，谈一谈中国和他自己的国家在发展道路上的差异，或根据访谈对象特点设计其他问题。

2. 活动开展

（1）开展访谈：访谈形式可以是面对面现场访谈、电话采访或远程视频采访；被访谈对象应在 3 人以上，访谈过程中须做好文字、音频、视频记录；

（2）资料整理：整理访谈记录，形成总结报告，有条件的小组制作访谈视频；

（3）成果展示：征得被访谈对象同意后，总结报告与访谈视频可以在指导教师审阅后于一定范围内进行分享展示。

（三）实践记录

<table>
<tr><th colspan="4">专题访谈——外国人眼中的“中国道路”</th></tr>
<tr><td>学院</td><td></td><td>专业班级</td><td></td></tr>
<tr><td>姓名</td><td></td><td>实践时间</td><td></td></tr>
<tr><td colspan="4">1. 本次实践中的访谈对象有哪些</td></tr>
<tr><td colspan="4">2. 简述访谈提纲</td></tr>
<tr><td colspan="4">3. 访谈活动中有哪些收获</td></tr>
<tr><td colspan="4">4. 实践总结</td></tr>
</table>

实践项目四 录制宣讲——宣传马克思主义中国化理论

（一）实践目的

本实践活动通过通俗易懂、特色鲜明的马克思主义中国化“微宣讲”的形式，用“小话题”来反映“大主题”，用“小角色”来组建“大队伍”，用“小故事”说明“大道理”，用“小载体”发挥“大影响”。培养学生制作演示文稿、当众宣讲、整合资料的能力，深化对马克思主义中国化三次历史性飞跃的学习和理解，展现当代大学生的马克思主义理论素养和精神风貌。

（二）实践组织

1. 活动准备

（1）自主学习《毛泽东思想和中国特色社会主义理论体系概论》（2021 年版）、《中共中央关于党的百年奋斗重大成就和历史经验的决议》等相关文献；

（2）自行分组；

（3）各组备好音视频拍摄记录工具。

2. 活动流程

（1）确定主题：各组根据教材和参考资料确定宣讲主题，小组之间事先沟通主题，允许重复，但须控制重复度。

（2）宣讲设计：每组在教师指导下研读教材和参考资料，确定宣讲内容，精心进行宣讲设计，撰写宣讲提纲，制作宣讲课件，开展宣讲演练。

（3）宣讲展示：根据具体情况，采用多种方式进行宣讲：一是小组成员录制好宣讲视频，经过审批后，通过第三方视频平台进行线上推广展示，由指导教师带领学生代表进行匿名评审，选出一定比例的优秀宣讲作品；二是组织优秀主讲团队开展线上直播宣讲；三是以学校名义联系周边社区基层党组织，开展现场宣讲。

3. 注意事项

（1）小组成员要注意分工合作，发挥团队优势；

（2）宣讲主题可从下文列出的主题清单中选择，也可以自己拟定；

（3）直播或宣讲视频上传相关平台前须经相关部门审批。

4. 参考主题

（1）马克思主义中国化的必要性；

（2）马克思主义中国化的历史进程；

（3）马克思主义中国化的理论成果；

（4）继续推进马克思主义中国化；

（5）开辟马克思主义中国化时代化新境界的立场、观点和方法。

（三）实践记录

录制宣讲——宣传马克思主义中国化时代化理论			
学院		专业班级	
姓名		实践时间	
1. 小组成员是如何分工的			
2. 简述视频内容			
3. 在本次活动中学习到了哪些知识			
4. 实践总结			

思政阅读

习近平总书记强调的“看家本领”[①]

“看家本领”是指特别擅长的技能。习近平总书记基于党的传统、理论规律以及我国实际发展对全党提出了掌握好共产党人“看家本领”的要求，深刻、全面地理解习近平总书记关于“看家本领”的系列重要论述，对于领导干部在工作中坚定信念、科学决策、战胜困难、驾驭风险十分重要。

2013年3月1日，习近平总书记在中央党校建校80周年庆祝大会暨2013年春季学期开学典礼上强调，要认真学习马克思主义理论，这是我们做好一切工作的看家本领，也是领导干部必须普遍掌握的工作制胜的看家本领。2013年8月19日，习近平总书记在全国宣传思想工作会议上强调，领导干部特别是高级干部要把系统掌握马克思主义基本理论作为看家本领。2015年1月12日，习近平总书记在中央党校县委书记研修班学员座谈会上强调，大家要把学习掌握马克思主义理论作为看家本领。马克思主义理论主要包括马克思主义哲学、政治经济学和科学社会主义等几个部分，是科学、完整、严谨的理论体系。系统、全面、准确地掌握马克思主义理论是把马克思主义基本原理运用到中国的实际中解决问题的基础条件，是坚持党的指导思想的前提条件。理论修养是干部综合素质的核心，理论上不彻底，就难以说服人。掌握马克思主义理论的深度，决定着政治敏感的程度、思维视野的广度、思想境界的高度。在理论学习的内容上要加强对历史唯物主义、辩证唯物主义、马克思主义政治经济学等内容的学习，在方法上要静下心来、自觉系统地学习马克思主义基本理论，特别是通过深入研读经典原著，体悟其中蕴含的原理，做到在工作中善于运用马克思主义理论解决好中国的实际问题。

2013年12月3日，习近平总书记在十八届中央政治局第十一次集体学习

① 马一凡．习近平总书记强调的“看家本领”［N］．学习时报，2022-5-16（A2）．

时强调，党的各级领导干部特别是高级干部，要原原本本学习和研读经典著作，努力把马克思主义哲学作为自己的看家本领。马克思主义哲学是马克思主义理论的关键核心。马克思主义哲学的根本特性是实践性，马克思主义哲学活的灵魂是具体问题具体分析，马克思主义哲学的核心价值诉求是实现人的自由而全面发展和人类的根本解放。党的各级领导干部要通过深入学习马克思主义哲学，运用社会基本矛盾分析法，深入分析、理解全面深化改革的重要性和紧迫性；运用人民群众是历史创造者的唯物史观，逐步推进实现共同富裕；运用社会存在决定社会意识的原理，在社会主义实践中处理好尊重客观规律与发挥人的主观能动性的关系；运用马克思主义辩证法，在工作中抓主要矛盾和矛盾的主要方面，看问题的本质和主流；运用马克思主义认识论，在社会主义实践中不断推进理论创新和实践创新。

2016 年 11 月 29 日，习近平总书记在纪念朱德同志诞辰 130 周年座谈会上强调，首先要认真学习马克思主义，这是我们做好一切工作的看家本领。2017 年 9 月 29 日，习近平总书记在十八届中央政治局第四十三次集体学习时强调，我们要赢得优势、赢得主动、赢得未来，战胜前进道路上各种各样的拦路虎、绊脚石，必须把马克思主义作为看家本领。2018 年 5 月 4 日，习近平总书记在纪念马克思诞辰 200 周年大会上强调，真正把马克思主义这个看家本领学精悟透用好。马克思主义不仅指马克思、恩格斯创立的理论体系，也包括继承者对它的发展，及在实践中不断发展着的马克思主义。马克思主义深刻改变了中国，中国也极大丰富了马克思主义。中国共产党的历史是一部不断推进马克思主义中国化的历史，是一部不断推进理论创新、进行理论创造的历史。我们党坚持解放思想和实事求是相统一，不断实现马克思主义中国化新的飞跃，产生了毛泽东思想、中国特色社会主义理论体系、习近平新时代中国特色社会主义思想，为党和人民事业发展提供了科学理论指导。时代是思想之母，实践是理论之源。实践发展永无止境，我们认识真理、进行理论创新就永无止境。尽管我们所处的时代同马克思所处的时代相比发生了巨大而深刻的变化，但我们依然处在马克思主义所指明的历史时代。虽然时代变化和我国发展的广度和深度远远超出了马克思主义经典作家当时的想象，但我国社会主义还处在初级阶段，在发展的道路上面临的困难和挑战还很多，我们要以更加宽阔的眼界审视马克思主义在当代中国发展的现实基础和实践需要，坚持问题导向，回应时代需求，把坚持马克思主义和发展马克思主义统一起来，更加深入地推动马克思主义基本原理同中国具体实际相结合、同中华优秀传统文化相结合，不断开辟马克思主义新境界。

2019 年 7 月 9 日，习近平总书记在中央和国家机关党的建设工作会议上强调，群众工作是我们的看家本领，我们党靠群众工作起家，同样要靠群众工作实现长期执政。群众工作是党在长期实践中发展起来的优良传统，贯穿于党的革命、建设、改革各个历史阶段，以及国家工作各领域、各方面。党员干部要坚持一切为了群众，一切依靠群众，从群众中来，到群众中去，把党的正确主张变为群众的自觉行动，把群众路线贯彻到治国理政全部活动之中。做好群众工作，首先当“学生”，然后当“先生”，自觉坚持人民至上。回顾百年党史，党的成长、发展、壮大每一个过程都与人民群众密不可分。做好群众工作是共产党人对马克思主义历史唯物主义基本原理的生动运用。

2022 年 3 月 1 日，习近平总书记在中央党校（国家行政学院）中青年干部培训班开班式上强调，马克思主义立场、观点、方法是做好工作的看家本领，是指导我们认识世界、改造世界的强大思想武器。马克思主义立场、观点、方法，贯穿于马克思列宁主义、毛泽东思想、中国特色社会主义理论体系和习近平新时代中国特色社会主义思想之中，是马克思主义科学思想体系的精髓所在。立场是人们观察、认识和处理问题的立足点，人民大众的立场是马克思主义的根本立场，坚持以人民为中心，秉持“我将无我，不负人民”的情怀，是新时代中国共产党人始终站在人民大众立场的体现。观点是人们对事物的看法，马克思主义揭示了自然、社会和人类思维的一般规律，提出了一系列基本观点，这些基本观点是伟大的认识工具，引领我们深入观察世界大势、深刻体察中国特色社会主义的伟大实践、集中力量办好自己的事、一步一个脚印实现既定目标。方法是指导我们正确认识和改造世界的根本思想方法、工作方法和领导方法，运用唯物辩证法，按照世界的本来面貌认识世界，客观地、发展地、全面地、系统地、普遍联系地观察事物、分析问题、解决问题，在矛盾对立统一过程中把握事物发展规律；运用实事求是的思想方法，一切从实际出发，理论联系实际，使思想认识跟着客观实际的变化而变化；运用群众路线的根本工作方法，做好党的各项工作。马克思主义的立场、观点、方法是有机统一体，运用马克思主义的立场、观点、方法研究解决各种重大理论和实践问题，推进理论创新创造，是中国共产党过去能够成功、未来能继续成功的看家本领。

第六章

江山如此多娇

——深刻认识毛泽东思想的当代价值

实践目标

通过实践，理解实事求是、群众路线、独立自主是毛泽东思想的灵魂，深刻认识到理论是实践的基础，毛泽东思想是我们实现中国梦的重要精神源泉，是实现中华民族伟大复兴的指导思想。

学习实践

以理论之基筑牢信仰根基①

理论自觉，方能政治自觉。从中国共产党百年奋斗历程看，知懂善用马克思主义立场观点方法是共产党人必备的理论素养。从一定意义上说，掌握马克思主义理论的深度，决定着政治敏感的程度、思维视野的广度、思想境界的高度。毛泽东指出，“如果我们党有一百个至二百个系统地而不是零碎地、实际地而不是空洞地学会了马克思列宁主义的同志，就会大大地提高我

① 吕宏波．以理论之基筑牢信仰根基［N］．学习时报，2022-8-22（A4）．

们党的战斗力量”。自觉运用马克思主义立场观点方法来分析和解决实际问题，是马克思主义者必备本领。面对世界百年未有之大变局加速演进，需要解决的问题更多、更复杂，这就要求我们敢于啃硬骨头、涉险滩。我们要进一步强化理论武装、增强理论自觉，以马克思主义的“罗盘”指引，以深厚的理论素养“压舱”，观察新形势、研究新情况、解决新问题，推动各项工作按照客观规律推进。习近平新时代中国特色社会主义思想是坚持和运用辩证唯物主义和历史唯物主义的光辉典范，既是世界观、历史观，又是认识论、方法论。必须持续深入学、及时跟进学，反复体悟、刻苦钻研，准确把握蕴含其中的精神要义，系统掌握其中的深刻道理、深邃学理、深厚哲理，深入理解把握贯穿其中立场观点方法，在深学细悟、深思笃行上下功夫，更好奋进新征程、建功新时代。

校园实践

实践项目一　朗诵比赛——体会毛泽东诗词的意境

（一）实践目的

毛泽东是一位伟大的马克思主义者，无产阶级革命家、战略家和理论家，在学术上他还是诗人和书法家。他一生留下了很多脍炙人口的经典诗词，生动地体现了毛泽东思想，至今读来仍令人深受裨益。熟记毛泽东诗词，可以更好地读懂毛泽东思想，同时也可以训练朗诵能力、舞台表现能力等。

（二）实践组织

1. 活动安排

朗诵可分为个人朗诵和集体朗诵，要求全程脱稿。可以以现场表演或参赛视频等方式开展比赛。比赛现场评委统一观看表演或视频进行打分。评委对参赛选手的流畅度、意境感染力和舞台表现能力等方面进行综合评价。

2. 资料参考

独立寒秋，湘江北去，橘子洲头。看万山红遍，层林尽染；漫江碧透，百舸争流。鹰击长空，鱼翔浅底，万类霜天竞自由。怅寥廓，问苍茫大地，谁主沉浮？

携来百侣曾游。忆往昔峥嵘岁月稠。恰同学少年，风华正茂；书生意气，挥斥方遒。指点江山，激扬文字，粪土当年万户侯。曾记否，到中流击水，浪遏飞舟？

——《沁园春·长沙》

才饮长沙水，又食武昌鱼。万里长江横渡，极目楚天舒。不管风吹浪打，胜似闲庭信步，今日得宽馀。子在川上曰：逝者如斯夫！

风樯动，龟蛇静，起宏图。一桥飞架南北，天堑变通途。更立西江石壁，截断巫山云雨，高峡出平湖。神女应无恙，当惊世界殊。

——《水调歌头·游泳》

红军不怕远征难，万水千山只等闲。五岭逶迤腾细浪，乌蒙磅礴走泥丸。

金沙水拍云崖暖，大渡桥横铁索寒。更喜岷山千里雪，三军过后尽开颜。

——《七律·长征》

小小寰球，有几个苍蝇碰壁。嗡嗡叫，几声凄厉，几声抽泣。蚂蚁缘槐夸大国，蚍蜉撼树谈何易。正西风落叶下长安，飞鸣镝。

多少事，从来急；天地转，光阴迫。一万年太久，只争朝夕。四海翻腾云水怒，五洲震荡风雷激。要扫除一切害人虫，全无敌。

——《满江红·和郭沫若同志》

读（1958年）六月三十日《人民日报》，余江县消灭了血吸虫。浮想联翩，夜不能寐。微风拂晓，旭日临窗，遥望南天，欣然命笔。

绿水青山枉自多，华佗无奈小虫何！千村薜荔人遗矢，万户萧疏鬼唱歌。

坐地日行八万里，巡天遥看一千河。牛郎欲问瘟神事，一样悲欢逐逝波。

春风杨柳万千条，六亿神州尽舜尧。红雨随心翻作浪，青山着意化为桥。

天连五岭银锄落，地动三河铁臂摇。借问瘟君欲何往，纸船明烛照天烧。

——《七律二首·送瘟神》

北国风光，千里冰封，万里雪飘。望长城内外，惟余莽莽；大河上下，顿失滔滔。山舞银蛇，原驰蜡象，欲与天公试比高。须晴日，看红装素裹，分外妖娆。

江山如此多娇，引无数英雄竞折腰。惜秦皇汉武，略输文采；唐宗宋祖，稍逊风骚。一代天骄，成吉思汗，只识弯弓射大雕。俱往矣，数风流人物，还看今朝。

——《沁园春·雪》

大雨落幽燕，白浪滔天，秦皇岛外打鱼船。一片汪洋都不见，知向谁边？

往事越千年，魏武挥鞭，东临碣石有遗篇。萧瑟秋风今又是，换了人间。

——《浪淘沙·北戴河》

山下旌旗在望，山头鼓角相闻。敌军围困万千重，我自岿然不动。

早已森严壁垒，更加众志成城。黄洋界上炮声隆，报道敌军宵遁。

——《西江月·井冈山》

钟山风雨起苍黄，百万雄师过大江。虎踞龙盘今胜昔，天翻地覆慨而慷。

宜将剩勇追穷寇，不可沽名学霸王。天若有情天亦老，人间正道是沧桑。

——《七律·人民解放军占领南京》

久有凌云志，重上井冈山。千里来寻故地，旧貌变新颜。到处莺歌燕舞，更有潺潺流水，高路入云端。过了黄洋界，险处不须看。

风雷动，旌旗奋，是人寰。三十八年过去，弹指一挥间。可上九天揽月，可下五洋捉鳖，谈笑凯歌还。世上无难事，只要肯登攀。

——《水调歌头·重上井冈山》

雪压冬云白絮飞，万花纷谢一时稀。高天滚滚寒流急，大地微微暖气吹。

独有英雄驱虎豹，更无豪杰怕熊罴。梅花欢喜漫天雪，冻死苍蝇未足奇。

——《七律·冬云》

（三）实践记录

朗诵比赛——体会毛泽东诗词的意境			
学院		专业班级	
姓名		实践时间	
1. 本次实践中选择了哪首诗词？为什么			
2. 通过本次活动，你对毛泽东诗词有哪些深刻的认识			

实践项目二 笔走龙蛇——毛泽东诗词书法比赛

（一）实践目标

通过笔走龙蛇——毛泽东诗词书法比赛，让我们继朗诵毛泽东诗词之后，再次用书法的形式感受诗人毛泽东的人格魅力，知晓毛泽东诗词背后那些鲜为人知的动人故事，本活动同时也提供一个展示我们才华的平台。

（二）实践组织

1. 活动流程

（1）宣传动员：由指导教师发起宣传动员活动；

（2）征集作品并组织评选：各班学生完成作品拍照上传内部交流平台，通过同学互评与教师评分相结合，初选各班优秀作品，指导教师根据初选作品提交给学校，由学校分配各位评审老师评分，按照得分评出名次；

（3）获奖作品在校园内展示。

2. 注意事项：书写内容必须是毛泽东诗词，要求书写正确，不能有错别字或添字、漏字；书写的工具可以是毛笔、钢笔或中性笔，不能是铅笔或油性笔，书写字体、书写格式不限，并注明作者及所属班级。

3. 评分标准：

（1）书写（30 分）：格式标准、规范，笔画清楚到位，无错字、别字；

（2）结构（30 分）：整体结构合理，重心平稳，运笔流畅，分布匀称；

（3）字形（20 分）：感观舒适，字迹清晰、符合所选字体特点；

（4）效果（20 分）：美观大方，纸面干净整洁，无涂改。

（三）实践记录

笔走龙蛇——毛泽东诗词书法比赛			
学院		专业班级	
姓名		实践时间	
作品名称			
字体			
1. 请简述所选诗词的创作背景			
2. 本次实践活动中你有哪些收获			

实践项目三 武装头脑——读原著 感悟伟人思想

（一）实践目的

在教师的引导下，阅读毛泽东的经典著作和文本篇目，如《中国社会各阶级分析》《反对本本主义》《新民主主义论》等，了解党和国家在革命、建设年代理念方针、路线政策，深入体会毛泽东思想作为马克思主义中国化的理论成果的内涵所在，学习毛泽东思想中所蕴含的具体问题具体分析、一切从实际出发等辩证唯物主义的思维方法。

（二）实践组织

1. 活动安排

（1）安排学生利用课余时间，在一定期限内（建议 2–4 周）阅读至少 1 本毛泽东的经典著作。为了更好掌握原著内容，根据自己的需要选择读书笔记，加深对内容的学习和掌握。学习笔记的类型可以采用摘要式，即将书中或文章中一些重要观点、精彩语句、重点段落等摘抄下来，也可以采用心得式，即在读书或读文章后写出的自己的感想、体会和启发。

（2）自行分组，在阅读毛泽东的经典著作文本后在组内探讨，交流阅读感悟。

（3）通过进一步收集和整理相关资料，结合小组成员讨论情况，完成实践记录。

（4）指导教师要对大家在阅读过程中遇到的问题进行答疑解惑。

2. 资料参考

毛泽东著作推荐参考：《中国社会各阶级分析》《湖南农民运动考察报告》《中国的红色政权为什么能够存在》《星星之火，可以燎原》《反对本本主义》《实践论》《矛盾论》《论持久战》《中国革命和中国共产党》《纪念白求恩》《新民主主义论》《将革命进行到底》《论人民民主专政》《别了，司徒雷登》《为人民服务》等。

（三）实践记录

武装头脑——读原著 感悟伟人思想			
学院		专业班级	
姓名		实践时间	
1. 你选择了哪些毛泽东的篇目和著作进行阅读？为什么			
2. 读书过程中你印象最深刻的一段话是什么			
3. 你所选择的篇目是在什么样的历史背景下撰写出来的			
4. 你在完成任务的过程中遇到了哪些困难			
5. 你在本次实践活动中受到哪些启示			

社会实践

实践项目四 话剧编演——让英雄形象“活”起来

（一）实践目的

深入贯彻习近平总书记“把红色资源利用好，把红色传统发扬好，把红色基因传承好”等系列指示精神，弘扬革命文化，传承优秀传统文化，学生利用假期思考、探寻“星星之火，可以燎原”的深层原因，了解革命故事，并开展革命话剧编演活动，讴歌革命先辈的英雄事迹，抚今追昔，告诫我们不忘初心使命，珍惜今天美好生活。

（二）实践组织

1. 活动安排

利用假期，参观爱国主义教育基地或阅读红色书籍，选取一个讴歌革命英雄人物的题材，编写剧本或选取已有剧本，教师从中遴选出优秀作品，进行教学表演活动。

2. 注意事项

建议以班级为单位进行排演，选题必须是爱国主义革命题材，有故事性，有教育意义。参与人员须服从安排，认真排练，不得无故中途退出，可以邀请班主任老师或者思政课教师参与进来。排练过程拍照或录视频留存。

3. 表演展示

可以利用学校礼堂舞台进行现场演绎，也可以拍成视频上传到校园社交平台展示，邀请当地文艺工作者进行现场点评打分，最终评选出优秀作品。向相关部门报备后上传至公共社交平台公开展示，引导观众不忘初心使命，珍惜今天美好生活。

（三）实践记录

话剧编演——让英雄形象“活”起来			
学院		专业班级	
姓名		实践时间	
1. 请简述排演的话剧内容			
2. 在此次话剧排演的活动中你得到了哪些启示			

实践项目五 模拟体验——传承毛泽东思想 关注社会民生

（一）实践目的

1940年1月，毛泽东同志在《新民主主义论》中首次提出“人民代表大会”概念，指出“中国现在可以采取全国人民代表大会、省人民代表大会、县人民代表大会、区人民代表大会直到乡人民代表大会的系统，并由各级代表大会选举政府”。我们通过模拟人民代表大会提案体验，借鉴其会议组织、提案形成等方面的制度规定和会议形式，结合高校思想政治理论课教学，提升我们的思想政治素养的同时关注社会民生。

（二）实践组织

1. 活动准备

（1）学习人民代表大会相关知识

通过登录“中国人大网”，重点了解中国人民代表大会的发展历史、性质与地位、主要职责、主要工作方式等知识，了解人大代表的权利、义务，熟悉人大提案及其性质、地位、作用、形式及要求，人大议案和政协提案的区别等基本问题。也可通过指导教师辅导课、邀请相关专家讲座、自学有关书籍等方式学习。

（2）在指导教师的带领下自行分组。

2. 活动安排

（1）各组根据所学知识和参考资料，在指导教师的引领下确定提案主题，小组之间主题不可重复；

（2）依据所选主题以资料查阅、调查取证、实地走访等方法充实提案内容；

（3）每组在指导教师的引领下将相关资料、调查证据等内容进行整合提炼，撰写提案文本；

（4）在提案的基础上，形成展示活动汇报演示文稿，准备3分钟视频汇报。根据可能的提问，进行必要的答辩准备，并进行必要的综合演练。

3. 活动展示

举行模拟新闻发布会，各提案小组派出一个新闻发言人，模拟人大新闻发布会，向模拟的各界媒体记者介绍提案，回答相关问题。各提案小组通过新闻发布，可以广泛宣传本组提案，让更多人了解本提案，赢得更多的支持者。同时，其他小组也可以模拟政协委员，提高公开演讲技能，也可以模拟新闻记者，提升自己抓住问题关键的能力。

提案阐述总时长为 18 分钟，提案小组中至少 5 位委员上台做集中展示，小组成员可自行分工，对本团队议题的不同侧面分别进行阐述。

展示活动可分三个环节：第一步为 3 分钟视频展示，呈现提案小组形成提案的工作过程；第二步为 10 分钟的提案陈述（同时展示演示文稿），展现提案的内容与价值；第三步为 5 分钟的听证、答辩环节，接受各组委员的询问和建议。

评委可邀请人大代表、教育专家及指导教师组成。

4. 提案基本要求

（1）一件提案中只能就一个问题提出案由、案据和方案；

（2）议案的书写要工整，字迹要清楚；

（3）参加联名提出议案的每位代表，都要亲自签名；

（4）案由：提出议案的背景原因、意义；

（5）案据：提出议案的资料依据（数字化、具体化、科学性）；

（6）方案：提出解决议案的措施（可操作性、针对性）。

（三）实践记录

<table>
<tr><th colspan="4">模拟体验——传承毛泽东思想　关注社会民生</th></tr>
<tr><td>学院</td><td></td><td>专业班级</td><td></td></tr>
<tr><td>姓名</td><td></td><td>实践时间</td><td></td></tr>
<tr><td colspan="4">1. 请简述你所在小组的提案</td></tr>
<tr><td colspan="4">2. 你在活动中主要负责哪些工作</td></tr>
<tr><td colspan="4">3. 你在活动中得到了哪些启示</td></tr>
</table>

思政阅读

七大：将毛泽东思想写在党的旗帜上①

1945年在延安召开的中国共产党第七次全国代表大会，第一次把毛泽东思想写进了党章，在全党确立了毛泽东思想的指导地位，这是中共七大的历史性贡献，极大加速了中国革命胜利的进程。

历经艰难探索逐步形成发展

毛泽东思想是中国共产党人在异常艰苦的革命实践和理论创造中逐步形成和发展起来的。中国共产党自成立之日起，就以马克思列宁主义为指导。但是，党在幼年时期对马克思列宁主义和中国革命的认识还很肤浅。因此，在相当长的一段时期内，并没有解决好把马列主义与中国革命相结合的问题。大革命失败后，以毛泽东同志为主要代表的中国共产党人，把马克思列宁主义基本原理同中国革命具体实践相结合，依靠群众，建立工农红军和农村革命根据地，开展土地革命和游击战争，成功地把党的工作重心由城市转入农村，独创性地开辟了农村包围城市、武装夺取全国政权的革命道路；初步解决了有关中国新民主主义革命的性质、任务、对象、动力和前途等问题；初步解决了农民土地问题、统一战线问题、武装斗争问题和党的建设问题等。同时，还在反对来自共产国际的错误指导和共产党内连续出现的“左”、右倾错误的情况下，提出要坚持实事求是、反对本本主义的思想路线。毛泽东思想在中国革命的斗争实践中，在总结全党集体智慧的过程中初步形成。

遵义会议以后，毛泽东所写的许多理论著作和党的许多决议，又使毛泽东思想得到进一步展开。特别是毛泽东对于新民主主义理论的完整论述，是对马克思列宁主义的丰富和发展，创造性地发展了马克思列宁主义，形成了适合中国情况的科学指导思想。

概念的提出和阐释

① 李蓉，匡革冶．七大：将毛泽东思想写在党的旗帜上[N]．学习时报，2022-7-8(A2)．

1941 年 3 月，中国共产党的理论工作者张如心用了“毛泽东同志的思想”的提法。同年 6 月，中共中央北方局、八路军野战政治部发出指示，要宣传“我党领袖毛泽东同志发展了马列主义的关于中国革命的各项学说和主张”。9 月，中央政治局召开扩大会议，进一步肯定了毛泽东关于中国革命的理论。1942 年 7 月 1 日，朱德、陈毅等撰文提出了“指导中国革命的中国化的马列主义的理论”“正确的思想体系”等表述。

首先使用“毛泽东思想”这个概念的是王稼祥。他在 1943 年 7 月 5 日所写的《中国共产党与中国民族解放的道路》一文中，首先使用“毛泽东思想”这个概念，并指出：“毛泽东思想就是中国的马克思列宁主义。”与此同时，刘少奇号召全党“用毛泽东的思想来武装自己”，把毛泽东同志的指导贯彻到一切工作环节和部门中去，用毛泽东同志的思想体系去清算党内机会主义思想。周恩来在 1943 年 8 月由重庆返回延安，在中央办公厅举办的欢迎会上指出：我们党在这三年做了比过去 20 年还要伟大、还有更多成就的工作，这是全党团结在毛泽东同志领导之下得到的。党的历史证明：毛泽东同志的意见是贯串着整个党的历史时期，发展成为一条马列主义中国化，也就是中国共产主义的路线。“毛泽东同志的方向，就是中国共产党的方向！”

从 1942 年开始的全党整风运动，实际上就是一次普遍的、生动的、理论联系实际的、运用批评和自我批评方法的马克思主义教育运动。经历了 24 年革命历程中胜利与失败的反复比较，经历了延安整风运动和《关于若干历史问题的决议》的讨论，全党特别是党的高级干部，对马克思主义中国化的意义，特别是对毛泽东思想的指导意义有了更加深刻的体认，这就为七大确立毛泽东思想为党的指导思想提供了充分的政治条件、思想条件和组织条件。

将毛泽东思想确定为党的指导思想

七大通过的新党章，第一次将毛泽东思想作为党的指导思想，也就是将毛泽东思想写在党的旗帜上，作为全党团结和巩固的基础。毛泽东思想系统地回答了中国革命的社会历史环境、经济文化基础以及革命性质、基本动力、斗争形式、发展道路、奋斗目标和领导力量等一系列基本问题。七大概括毛泽东思想的主要内容包括：关于现代世界情况及中国国情的分析，关于新民主主义的理论与政策，关于解放农民的理论与政策，关于革命统一战线的理论与政策，关于革命战争的理论与政策，关于革命根据地的理论与政策，关于建设新民主主义共和国的理论与政策，关于建设党的理论与政策，关于文化的理论与政策等。毛泽东思想成为“中国人民完整的革命建国理论”。

七大对作为党的指导思想——毛泽东思想作了精辟阐述，成为七大的一个重要理论成果。参加大会的代表认为，王明、李德他们搞教条主义，照搬外国经验，照着书本打仗，牺牲了那么多同志，还差点断送了中国革命，他们那一套根本行不通。只有把马列主义理论与中国革命的实践结合起来，我们的革命才有前途。新党章规定以马克思列宁主义的理论与中国革命的实践统一的思想——毛泽东思想，作为我们党的一切工作的指针，这是我们革命胜利的思想保证。

全党的众望所归

毛泽东思想是马克思列宁主义在中国的运用和发展，是被实践证明了的关于中国革命的正确的理论原则和经验总结，是中国共产党集体智慧的结晶。党的许多卓越领导人对它的形成和发展作出了重要贡献，毛泽东的科学著作是它的集中概括。中共七大确立毛泽东思想为党的指导思想，是近代中国历史和人民革命斗争发展的必然选择，是全党的众望所归。

确立毛泽东思想在全党的指导地位，充分反映了中国共产党人具有在实践中进行理论创造的胆识和魄力，反映了全党思想上、政治上的成熟，反映了党的理论水平的极大提高。毛泽东思想是马克思主义中国化的第一次历史性飞跃。

高举毛泽东思想的伟大旗帜，对统一全党的思想，指导全党的行动，实现党的政治路线，具有重要而深远的意义。为此，七大号召全党掀起学习毛泽东思想的高潮。毛泽东思想为我们党和中国人民在理论上作了充分准备，极大地增强了我们党和中国人民的信心和战斗力量，极大地加速了中国革命胜利的进程。

毛泽东思想在指导中国人民革命和建设的实践中发挥了巨大作用。七大之后，全党同志在毛泽东思想的指引下，团结一致，努力奋斗，于 1949 年宣告中华人民共和国诞生，实现了民族独立、人民解放。此后，毛泽东结合新的实际丰富和发展了毛泽东思想，提出关于社会主义建设的一系列重要思想。

这些独创性理论成果迄今还发挥着重要的指导作用。

毛泽东诗词中的人民立场①

1947 年 10 月 18 日，毛泽东为陕西省佳县县委题词：“站在最大多数劳动人民的一面”。“东方红，太阳升，中国出了个毛泽东，他为人民谋幸福……”佳县也是《东方红》歌曲的故乡。江山就是人民，人民就是江山。毛泽东一生与人民同呼吸、共命运，“人民”是他使用范围最广和使用频率最高的词汇。作为一个政治家，他始终坚定地站在人民立场上，全心全意为人民服务。作为一个诗人，他始终为人民书写，为人民抒情，为人民抒怀。人民立场既是毛泽东思想的理论基石，也是毛泽东诗词的情感基调。浓郁的人民性，是毛泽东诗词广为流传、感人肺腑、催人奋进的根本原因。

忧患人民疾苦：长夜难明赤县天

1893 年 12 月 26 日，毛泽东出生于湖南湘潭韶山冲。韶山闭塞贫穷，民谣唱道：“韶山冲来冲连冲，十户人家九户穷；有女莫嫁韶山冲，红薯柴棍度一生。”1902 年上私塾后，他喜欢读《精忠传》《水浒传》《三国演义》等“杂书”，猛然发现其人物都是武将文官书生，从不见农民主人公。改良主义者郑观应《盛世危言》的许多新思想使他受到启蒙，而《论中国有被列强瓜分之危险》书中“呜呼，中国将亡矣！”一句使他对国家前途深感忧虑。1910 年秋，毛泽东前往湘乡东山高等小学堂读书。他给父亲留下一首诗：“孩儿立志出乡关，学不成名誓不还。埋骨何须桑梓地，人生无处不青山。”在东山期间，他给自己取名“子任”，寓意以天下为己任。

到长沙求学后，毛泽东对国家内忧外患的感触更加深切。“东海有岛夷，北山尽仇怨”，西方列强不断欺凌中国。面对袁世凯接受日本“二十一条”，毛泽东拍案而起：“五月七日，民国奇耻。何以报仇？在我学子”毛泽东始终站在人民的立场去认识国情。“地主重重压迫，农民个个同仇”，农民苦不堪言，阶级矛盾异常尖锐。“风云突变，军阀重开战。洒向人间都是怨”，辛亥革命后，派系林立，军阀混战，导致民怨沸腾。“长夜难明赤县天，百年魔怪

① 汪建新．毛泽东诗词中的人民立场［N］．学习时报，2021-7-23（A4）．

舞翩跹，人民五亿不团圆。”社会黑暗，邪恶势力群魔乱舞，人民家破人亡。强烈的忧患意识，激发起炽热的救国情怀，青年毛泽东“指点江山，激扬文字”，义无反顾地走上了改造中国与世界的革命道路。

坚信人民伟力：试看天下谁能敌

1936 年毛泽东对埃德加·斯诺说：“我一旦接受了马克思主义是对历史的正确解释以后，我对马克思主义的信仰就没有动摇过。”毛泽东把马克思主义“对历史的正确解释”，发展成“人民，只有人民，才是创造世界历史的动力”。“惜秦皇汉武，略输文采；唐宗宋祖，稍逊风骚。一代天骄，成吉思汗，只识弯弓射大雕。”“五帝三皇神圣事，骗了无涯过客”，毛泽东推崇英雄，但反对英雄史观，更不承认帝王将相创造历史。“盗跖庄蹻流誉后，更陈王奋起挥黄钺”，他把那些曾被诬为“匪”“盗”“逆”的奴隶起义、农民起义领袖推崇为“风流人物”。他认为：“在中国封建社会里，只有这种农民的阶级斗争、农民的起义和农民的战争，才是历史发展的真正动力。”“不周山下红旗乱”，毛泽东甚至一反传统，把“与颛顼争为帝”的共工升华为改造世界的革命英雄。

“军叫工农革命，旗号镰刀斧头。”毛泽东强调兵民是胜利之本，战争之伟力存在于民众之中。在毛泽东思想体系中，“人民”是历史性概念，但工人和农民作为人民的核心部分始终未变。工人阶级是革命的领导力量，而农民是最可靠的同盟军。“十万工农下吉安”“百万工农齐踊跃”“唤起工农千百万，同心干”。他放手发动群众，坚信人民群众一旦觉醒并汇入中国革命洪流，将成为牢不可破的钢铁长城。“早已森严壁垒，更加众志成城”“枯木朽株齐努力”“军民团结如一人，试看天下谁能敌”。他紧紧依靠人民，谱写了人民战争的精美华章。

谋求人民福祉：分田分地真忙

“遍地哀鸿满城血，无非一念救苍生”，旧社会民不聊生，哀鸿遍野，共产党人奋起抗争，就是为了要解救万民于水火。正如 1925 年 12 月毛泽东在《〈政治周报〉发刊理由》中所说：“为什么要革命？为了使中华民族得到解放，为了实现人民的统治，为了使人民得到经济的幸福。”1944 年 9 月 8 日，毛泽东在《为人民服务》中强调：“我们的共产党和共产党所领导的八路军、新四军，是革命的队伍。我们这个队伍完全是为着解放人民的，是彻底地为人民的利益工作的。”一切为了人民的切身利益，是中国共产党的价值追求，是毛泽东人民立场的根本归宿。

“收拾金瓯一片，分田分地真忙”，毛泽东进行武装斗争，建立农村根据地，开展土地革命，最终是为了让广大农民实现“耕者有其田”。血吸虫病曾经导致“千村薜荔人遗矢，万户萧疏鬼唱歌”，而在党的领导下，“六亿神州尽舜尧”“天连五岭银锄落，地动三河铁臂摇”，彻底消灭了血吸虫。“分田分地”拔掉了广大农民的穷根，而“送瘟神”则保住了黎民百姓的命根。

《礼记·孔子闲居》云：“天无私覆，地无私载，日月无私照。”毛泽东把“改造中国与世界”作为奋斗目标，把中国问题放到整个世界格局中去统筹谋划。他不仅关注中国的前途，也关注世界的未来；他不仅关心中国人民的疾苦，也关心世界人民的悲欢。“太平世界，环球同此凉热。”毛泽东把大同思想发展到一个崭新阶段，表达了彻底消灭帝国主义，实现大同太平世界的坚强决心。

帮助人民进步：风物长宜放眼量

《毛泽东选集》第一卷开篇《中国社会各阶级的分析》第一句话：“谁是我们的敌人？谁是我们的朋友？这个问题是革命的首要问题。”他将人民与敌人、人民内部矛盾和敌我矛盾严格区分开来。《在延安文艺座谈会上的讲话》中，毛泽东也毫不避讳地指出：“人民也有缺点的。”正确的态度和方法就是“对于人民的缺点是需要批评的”“但必须是真正站在人民的立场上，用保护人民、教育人民的满腔热情来说话”。这不仅表达了人民立场，也体现了统战艺术。

柳亚子是著名爱国诗人和民主人士，1949 年 3 月 28 日，他写了《感事呈毛主席》，宣泄满腹牢骚，表达“退隐”之意。毛泽东对此高度重视，于 4 月 29 日写下《七律·和柳亚子先生》。“牢骚太盛防肠断，风物长宜放眼量”，委婉含蓄地批评柳亚子的牢骚情绪。“莫道昆明池水浅，观鱼胜过富春江”，真诚挽留他参加新中国建设，体现了“风度元戎海水量”的宽广胸怀。1961 年 10 月 25 日，郭沫若写了《七律·看〈孙悟空三打白骨精〉》，因唐僧“人妖颠倒是非淆，对敌慈悲对友刁”而主张“千刀当剐唐僧肉”。1961 年 11 月 17 日，毛泽东写下《七律·和郭沫若同志》，认为“僧是愚氓犹可训，妖为鬼蜮必成灾”，唐僧属于可以团结教育的中间派。随后，郭沫若在《七律·再赞〈三打白骨精〉》中改为“僧受折磨知悔恨”。毛泽东高兴地说：“和诗好，不要‘千刀当剐唐僧肉’了。对中间派采取了统一战线政策，这就好了。”

抒发人民情怀：万方乐奏有于阗

陆机《文赋》曰：“诗缘情而绮靡。”白居易《与元九书》云：“感人心者，莫先乎情。”《在延安文艺座谈会上的讲话》中，毛泽东有一句至理名言：“世上决没有无缘无故的爱，也没有无缘无故的恨。”毛泽东爱憎分明，好恶情感具有鲜明的政治倾向性。毛泽东诗词所抒发的爱憎情感，始终与人民患难与共的心灵感应契合。正如《七律二首·送瘟神》的“小序”所言：“读六月三十日《人民日报》，余江县消灭了血吸虫。浮想联翩，夜不能寐。微风拂煦，旭日临窗。遥望南天，欣然命笔。”“欣然命笔”四个字，把人民领袖的为民情怀表现得淋漓尽致。

毛泽东以旧世界改造者的姿态登上中国的政治舞台，“粪土当年万户侯”“六月天兵征腐恶”“天兵怒气冲霄汉”“四海翻腾云水怒，五洲震荡风雷激”。当革命遭遇挫折和失败，当人民前途未卜的时候，他也不免“心情苍凉，一时不知如何是好”“心情又是郁闷的”“心情是沉郁的”。1962 年毛泽东在《〈词六首〉引言》中写道：“这些词是在一九二九年至一九三一年在马背上哼成的。文采不佳，却反映了那个时期革命人民群众和革命战士们的心情舒快状态”。当革命事业轰轰烈烈、所向披靡时，他会情不自禁，欢呼胜利，“报道敌军宵遁”“齐声唤，前头捉了张辉瓒”“天翻地覆慨而慷”。当“一唱雄鸡天下白”时，毛泽东热情讴歌“万方乐奏有于阗”，这个“乐”是毛泽东个人的，更是中国各族人民的。“忽报人间曾伏虎，泪飞顿作倾盆雨”，这是作者缅怀爱妻战友的思念之泪，更是普天下人民大众欢庆解放的幸福之泪。

第七章

万山磅礴有主峰

——深刻领会习近平新时代中国特色社会主义思想

实践目标

通过实践，深入了解习近平新时代中国特色社会主义思想的形成条件，深刻理解习近平新时代中国特色社会主义思想是一个系统完整、逻辑严密的科学理论体系，深刻领会习近平新时代中国特色社会主义思想的历史地位。培养学生不断深化理论认识，提高思想政治觉悟，自觉做习近平新时代中国特色社会主义思想的坚定信仰者、忠实实践者。

学习实践

新时代马克思主义中国化新的飞跃[①]

习近平总书记强调："要立足时代特点，推进马克思主义时代化，更好运用马克思主义观察时代、解读时代、引领时代，真正搞懂面临的时代课题，

① 何毅亭．新时代马克思主义中国化新的飞跃（深入学习贯彻习近平新时代中国特色社会主义思想）[N]．人民日报，2022-7-12（11）．

深刻把握世界历史的脉络和走向。”推进马克思主义中国化，首要的是立足中国，运用马克思主义准确把握时代脉搏和时代特点，深入探索时代发展提出的新课题，不断推进理论创新和实践创新，科学回答中国之问、世界之问、人民之问、时代之问。毛泽东思想是马克思列宁主义在中国的创造性运用和发展，是被实践证明了的关于中国革命和建设的正确的理论原则和经验总结，科学回答了中国新民主主义革命、社会主义革命和建设的一系列基本问题，是马克思主义中国化的第一次历史性飞跃。中国特色社会主义理论体系从新的实践和时代特征出发坚持和发展马克思主义，科学回答了建设中国特色社会主义的一系列基本问题，实现了马克思主义中国化新的飞跃。

深刻领会习近平新时代中国特色社会主义思想的科学体系和核心要义①

习近平新时代中国特色社会主义思想坚持把马克思主义基本原理同中国具体实际相结合、同中华优秀传统文化相结合，坚持解放思想、实事求是、守正创新，坚持用马克思主义之“矢”去射新时代中国之“的”，科学回答新时代坚持和发展什么样的中国特色社会主义、怎样坚持和发展中国特色社会主义，建设什么样的社会主义现代化强国、怎样建设社会主义现代化强国，建设什么样的长期执政的马克思主义政党、怎样建设长期执政的马克思主义政党等重大时代课题，科学回答中国之问、世界之问、人民之问、时代之问，提出一系列原创性的治国理政新理念新思想新战略。

习近平新时代中国特色社会主义思想作为划时代的科学理论体系，其内涵十分丰富。这一思想以党的十九大、十九届六中全会概括的“十个明确”“十四个坚持”和“十三个方面”的重要论述等为主要内容，涵盖了新时代坚持和发展中国特色社会主义的总目标、总任务、总体布局、战略布局和发展方向、发展方式、发展动力、战略步骤、外部条件、政治保证等基本问题，统摄了经济、政治、法治、科技、文化、教育、民生、民族、宗教、社

① 方江山．深刻领会习近平新时代中国特色社会主义思想的科学体系和核心要义［N］．人民论坛，2022-6-27.

会、生态文明、国家安全、国防和军队、“一国两制”和祖国统一、统一战线、外交、党的建设等各个方面，是系统全面、逻辑严密、内涵丰富、内在统一、不断发展的科学理论体系。

校园实践

实践项目一 故事开讲——从“赶上时代”到“引领时代”的伟大跨越

（一）实践目的

从故事分享中体会党的十八大以来中国发展取得的历史性成就和发生的历史性变革，正确认识我国社会主义初级阶段主要矛盾的转化，理解中国特色社会主义进入新时代的主要依据，不断增强对新时代的情感认同。

（二）实践组织

1. 活动内容

中国特色社会主义新时代，是决胜全面建成小康社会、进而全面建设社会主义现代化强国的时代；这个新时代，是全国各族人民团结奋斗、不断创造美好生活、逐步实现全体人民共同富裕的新时代；这个新时代，是全体中华儿女勠力同心、奋力实现中华民族伟大复兴中国梦的新时代；这个新时代，是我国日益走近世界舞台中央、不断为人类作出更大贡献的时代。我们每个人都是新时代的见证者、开拓者、建设者。围绕新时代之“新”，我们采用讲故事比赛的方式，分享和感悟新时代的现实发展故事。

2. 活动要求

（1）主题明确，立意正确，用小故事讲明大发展。既可以从宏观层面讲述党的十八大以来我国经济社会取得重大发展成就的故事，讲好主要矛盾转化的故事，也可以讲好从“赶上时代”到“引领时代”的伟大跨越的故事。注重从身边的人和事，从社区、县城的大变化讲述新时代的发展故事。

（2）任务由个人或团队完成，如果是团队作业，每个成员都必须在任务中有具体的工作安排。

（3）故事分享应配有演示文稿，也可以辅以背景音乐或视频进行现场氛围渲染和烘托。

（4）所有参与者都要撰写故事感悟。

3. 活动流程

（1）自行分组，可以独立完成，也可组成最多5人的小组；

（2）安排各组自行搜集新时代的发展故事，可在线上提交新时代故事的初赛展示音频或视频，进行线上组间互评；

（3）根据线上互评结果，重点指导其中的优秀作品5-10组，进行下一步展示；

（4）主题班会上举行新时代故事现场决赛，从未进入决赛的其他各组中选出决赛评委，评委进行现场评分；

（5）教师根据现场评分情况给予学生实践成绩，并做点评总结。

4. 主题参考

（1）从衣着变化点赞新时代

（2）走进县城看发展

（3）新时代乡村振兴战略，农村旧貌换新颜

（4）冬奥会里的中华传统文化故事

（5）我的生活新变化

（6）问天——新时代的航天梦

（7）高铁新时代

（8）全民小康，全面小康

（9）抗疫青春路，最美逆行者

（10）从“一穷二白”到世界第二大经济体

（三）实践记录

故事开讲——从“赶上时代”到“引领时代”的伟大跨越			
学院		专业班级	
姓名		实践时间	
1. 简述你所在小组选取的故事			
2. 你在所在小组中负责哪些工作			
3. 在此次实践中你有哪些收获			

实践项目二　研究性学习——新时代新思想新征程

（一）实践目的

通过实践，在校园形成研究性学习之风，促进我们自觉将思政课堂学到的理论知识运用到现实问题的解答中，不断强化对新时代中国特色社会主义思想的理论认同和行动自觉。同时提高各方面素质和能力，包括研究性学习能力、团队协作能力、语言表达能力等。

（二）实践组织

1. 活动内容

在新的历史时期，深入学习贯彻习近平新时代中国特色社会主义思想，用新时代中国特色社会主义思想武装头脑，对于夺取新时代中国特色社会主义伟大胜利，实现中华民族伟大复兴的中国梦，具有重大的现实意义和深远的历史意义。为激发理论学习积极性，进一步推进思想政治理论课建设改革创新，结合现阶段认知规律和学习特点，举办贯彻新时代中国特色社会主义思想暨思想政治理论课研究性学习成果展示竞赛，也是对新时代中国特色社会主义思想的“三进”① 工作的最好助益。

2. 活动方案

（1）竞赛主题：紧扣习近平新时代中国特色社会主义思想的主要内容，结合近年理论热点和时事热点，制定多个竞赛主题。如：深刻领会“两个确立”的决定性意义；新时代大学生如何传承伟大建党精神；当代大学生与中华优秀传统文化自信；党的领导是新时代取得历史性成就的根本保证；第二个百年新征程与当代青年的使命担当；大学生与乡村振兴战略实施等。

参赛小组可任选一个主题或其中的某一方面开展研究性学习，学习成果报告题目自定。

（2）参赛人员及竞赛方式

按照初赛、复赛、决赛三个步骤开展，初赛不设奖项，可给予学生实践教学成绩；进入复赛但没进决赛的小组颁发纪念奖；进入决赛的研究性学习

① “三进”：进教材、进课堂、进学生头脑。

小组根据成绩从高到低，分别授予特等奖、一等奖和二等奖，并颁发相应荣誉证书。参加决赛小组的指导教师获得优秀指导教师奖。

初赛

参赛人员：所有在修思想政治理论课的在校学生。参赛学生采取自由组合的方式，组成 4–5 人研究性学习小组。一名学生只参加一个小组且不跨教学班。

竞赛方式：初赛研究成果以文字稿形式展示，题目自定，控制字数在 3000 字左右。由指导教师结合自身工作实际自行组织完成初赛，并推荐 2–3 组作品参加复赛。

学习成果报告要求如下：

①内容由五部分组成：选题原因、研究情况综述、研究性学习成果、存在的问题和下一步研究设想、研究性学习体会。

②提交的电子稿排版要求：成果报告电子版由封面、主体两部分组成。封面内容包括班级、姓名、指导老师等信息，正文须统一格式。

复赛

参赛人员：任课老师选拔推荐参加复赛的研究性学习小组。

竞赛方式：仍然以文字稿为主。由相关人员将各指导教师推荐的复赛作品收齐，隐去班级、姓名、指导教师等信息，对每个作品进行编序并登记在册，并在规定的同一时间内将复赛作品发给评委，进行现场集中打分。为保证公平公正，复赛评委如果有自己推荐的作品，应当回避或交叉评分。评分期间，评委不能交流，不能讨论。相关人员根据评委打分情况，从高到低推选出若干优秀作品进入学校决赛。

复赛评分标准

<table>
<tr><th colspan="2">评价项目</th><th>分值</th></tr>
<tr><td rowspan="5">研究性学习成果报告</td><td>选题时代性强，选题原因阐述充分</td><td>20</td></tr>
<tr><td>对选题目前研究情况能够全面掌握与了解</td><td>20</td></tr>
<tr><td>研究性学习成果突出，有新意</td><td>40</td></tr>
<tr><td>能够发现选题研究存在的问题和对下一步研究提出合理设想</td><td>10</td></tr>
<tr><td>小组成员通过学习能有所获</td><td>10</td></tr>
<tr><td>总分</td><td></td><td>100</td></tr>
</table>

决赛

参赛人员：复赛中胜出的研究性学习小组，每个小组可增设 1 名指导老师。

竞赛方式：决赛采取现场比赛方式，分为学习成果展示环节和答辩环节。

①学习成果展示环节：主要考察研究性学习小组学习过程及成果。由小组各成员运用演示文稿进行口头陈述。第 1 名学生陈述选择该主题的原因，第 2 名学生陈述该主题目前研究情况，第 3 名学生陈述本组的研究性学习成果，第 4 名学生陈述下一步研究设想，第 5 名学生陈述研究性学习过程中的体会（若组员不足五人可酌情分配，务必保证每名组员至少发言一次）。根据具体情况限定时间（建议 10–12 分钟），总分为 70 分。

②答辩环节：由现场专家就该主题研究性学习过程的相关内容提出 1–2 个问题，由参赛小组进行现场回答。答辩环节建议限时 6–10 分钟，总分为 30 分。

③展示和答辩环节都由评委现场打分，成绩现场公布，取两个环节的总分为最终得分。

决赛评分标准

评价项目		分值
研究性学习成果展示环节	选题时代性强，选题原因阐述充分	10
	对选题目前研究情况能够全面掌握与了解	20
	研究性学习成果突出，有新意	20
	能够发现选题研究存在的问题和对下一步研究提出合理设想	20
	整体展示效果	10
学生答辩环节	回答准确、全面	30
总分		100

（3）活动流程：

第一阶段：指导老师在班上动员组织学生积极开展研究性学习活动，布置相关任务，引导学生自行组队。各指导教师应针对研究主题进行专业特色、行业特色、群体特色等方面的细化，指导学生拟定相应的研究主题，根据主题设计研究方案、收集相关资料、实地走访调研、线上调查访谈、撰写研究性成果报告等。

第二阶段：各指导教师以教学班为单位开展研究性学习成果展示竞赛初赛，对选拔出来的 2–3 个优秀小组再次进行指导修改后，推荐给相关人员参加学校复赛。

第三阶段：复赛评委对初赛作品进行集中打分评选，挑选出若干作品参加学校现场决赛展示。

第四阶段：现场进行研究性学习成果展示决赛，决赛评委根据现场汇报情况和现场答辩情况，评选出一等奖、二等奖、三等奖及各单项奖，并进行现场颁奖表彰。指定 2–3 名学生进行现场视频拍摄和录制。

第五阶段：活动负责人、组织者开展竞赛活动总结、资料汇总等工作，并将相关文字、影像等资料进行归档保存。

（4）研究报告格式参考

序号

大学生思想政治理论课

研究性学习成果展示竞赛

研究性学习成果报告

报告题目：

学校名称：

小组成员：

专业班级：

指导老师：

正文题目

一、选题原因

……开展本课题研究有着××××的意义

二、目前研究情况综述

我们通过收集查找与××××研究有关的文献资料，经过概括凝练，发现已有研究成果主要集中在以下几个方面：

（一）国内研究综述

（二）国外研究综述

……

三、研究性学习成果

我们整理材料，并进行全方面研学与思考，取得了以下的研究性成果。

（一）……

（二）……

四、下一步研究设想

下一步我们的研究设想是：……

五、研究性学习体会

通过参与这次研究性学习，我们有如下几点学习体会。

第一，……

第二，……

（三）实践记录

研究性学习——新时代新思想新征程			
学院		专业班级	
姓名		实践时间	
1. 简述你所在小组选取的主题			
2. 你在所在小组中负责哪些工作			
3. 在此次实践中你有哪些收获			

实践项目三 校园采访——当青春遇见新时代

（一）实践目的

1. 通过主题采访的形式，引导当代大学生勇担时代之责，勇挑时代重担。鼓励当代大学生珍惜大学生活，坚持刻苦学习、掌握知识、锻炼能力、练就实现中国梦的过硬本领。

2. 通过对话青春，走进学生们心里，把握学生们的思想动态，为更好地开展思政教育教学提供参考和依据。

（二）实践组织

1. 活动内容

“你最牛的背景，是今天的中国”，新时代给我们提供了更为广阔的舞台。“人的一生只有一次青春。现在，青春是用来奋斗的；将来，青春是用来回忆的”。当代大学生要认清新时代的历史方位，明确自己的历史使命，用习近平新时代中国特色社会主义思想武装自己，努力成长为能担当民族复兴大任的时代新人。通过开展校园主题采访，收集学生们对于新时代的认识，引导学生们承载新时代的重担。

2. 活动准备

（1）笔记本、录音笔、手机、相机等采访记录装备；

（2）用来证明自己身份的学生证、介绍信等。

3. 活动流程

（1）组建采访小组，明确“记者”“摄像”等人员任务分工；

（2）研讨并设计采访问题。采访问题设计可以更多地贴近大学生喜闻乐见的话语体系，通俗化、口语化、生动化、网络化，问题数量控制在 3 个左右；

示例：“你怎么理解‘新时代’这个词？”“你觉得新时代作为我们学生来说压力是更大了还是变小了？”“你觉得是时代造就了我们，还是我们在创造一个时代？”

（3）在校内进行随机采访，采访过程中注意采访礼仪，采访时间不宜过长，拍照、摄像、录音等要征得被采访人的同意；

（4）将采访情况简要记录在如下表格内；

<table>
<tr><th rowspan="2">序号</th><th rowspan="2">采访
时间</th><th rowspan="2">采访
地点</th><th colspan="3">被采访人基本情况</th></tr>
<tr><th>性别</th><th>年龄</th><th>年级、专业</th></tr>
<tr><td></td><td></td><td></td><td></td><td></td><td></td></tr>
<tr><td>采访要点
记录</td><td colspan="5"></td></tr>
</table>

（5）采访小组用演示文稿、微视频等形式分享活动过程及其成果。并填写好采访成果记录表；

（6）教师点评总结。

（三）实践记录

校园采访——当青春遇见新时代			
学院		专业班级	
小组成员		实践时间	
1. 采访团队是如何开展这项活动的 （可附图说明）			
2. 团队成员有哪些感受、感悟、启发和收获			
3. 整个活动中，留给你（你们）印象最深刻的或有趣的人和事有哪些			

社会实践

实践项目四　我来主讲——宣讲习近平新时代中国特色社会主义思想

（一）实践目的

1. 化被动学习为主动探索，深化学生们对习近平新时代中国特色社会主义思想的学习和理解，展现新时代大学生的马克思主义理论素养和精神风貌。

2. 让学生在宣讲的过程中对思政教学更加有情感认同，从而进一步调动起学习思政课的积极性、主动性和创造性，提升对思政课的参与度和获得感。

（二）实践安排

1. 活动内容

深入贯彻落实习近平总书记关于“大思政课”的重要指示，充分发挥高校思政课立德树人关键课程作用，坚持不懈用习近平新时代中国特色社会主义思想铸魂育人。参照教育部组织开展“习近平新时代中国特色社会主义思想大学习领航计划系列主题活动”中的“大学生讲思政课公开课”的要求和标准，让学生们来当主讲人，宣讲习近平新时代中国特色社会主义思想。

2. 活动流程

（1）任务分组，每个团队不超过 6 名学生，其中主讲人不超过 3 人。各团队可选配 1 名指导教师；

（2）各团队自主制定宣讲主题，宣讲主题要相对独立，指导教师根据宣讲主题给团队推荐相关研读书目；

（3）指导团队进行集体备课，撰写宣讲提纲，设计课件，进行宣讲排演；

（4）指导团队录制讲课视频。要求如下：

①视频时长不超过 12 分钟（包括 30 秒片头），片头部分请标注展示课程题目以及学校院系、团队成员基本信息；

②视频能够呈现教学团队选定的授课内容，形式上以主讲人讲课实录为主，以演示文稿配合为辅；

③视频画面清楚，不抖动、不倾斜，格式及像素各组应统一（建议图像比例 16∶9，不低于 1024 × 576 像素）；

④音频要求发音清晰，内容与视频画面同步；

（5）以教学班为单位，选拔出优秀作品若干个，并评定为此次实践活动成绩优秀；

（6）将初选的优秀作品进行线上集中展示，由各指导教师或往届优秀作品成员代表进行匿名评审，选出一定比例的优秀主讲团队；

（7）组织优秀主讲团队利用寒暑假，对学校周边社区、基层党组织、大中小学开展现场宣讲，并通过相关渠道进行宣传报道、推广传播。

3. 资料参考

宣讲主题参考：

（1）习近平新时代中国特色社会主义思想是党和国家必须长期坚持的指导思想

（2）坚持和发展中国特色社会主义是当代中国发展进步的根本方向

（3）实现中华民族伟大复兴是近代以来中华民族最伟大的梦想

（4）实现中华民族伟大复兴是近代以来中华民族最伟大的梦想

（5）党和国家事业历史性、根本性的变革和成就

（6）我国社会主要矛盾的变化是关系全局的历史性变化

（7）坚持党对一切工作的领导

（8）以人民为中心是新时代坚持和发展中国特色社会主义根本立场

（9）将全面深化改革进行到底

（10）坚定不移贯彻新发展理念

（11）决胜全面建成小康社会

（12）开启全面建设社会主义现代化国家新征程

（13）实现我国经济高质量发展

（14）形成全面开放新格局

（15）用更加健全的制度体系保证人民当家作主

（16）社会主义协商民主广泛多层制度化发展

（17）加快建设社会主义法治国家

（18）推动社会主义文化繁荣兴盛

（19）建设具有强大凝聚力和引领力的社会主义意识形态

（20）在发展中保障和改善民生

（21）打造共建共治共享的社会治理格局

（22）建设美丽中国

（23）坚持总体国家安全观

（24）把人民军队全面建成世界一流军队

（25）坚持“一国两制”和推进祖国统一

（26）构建人类命运共同体

（27）促进“一带一路”国际合作

（28）毫不动摇把党建设得更加坚强有力

（29）努力掌握马克思主义思想方法和工作方法

（30）坚持用习近平新时代中国特色社会主义思想武装全党

（资料来源：中共中央宣传部《习近平新时代中国特色社会主义思想三十讲》，2018 年 5 月 17 日）

（三）实践记录

宣讲教案

<table>
<tr><td>宣讲主题</td><td colspan="3"></td></tr>
<tr><td>宣讲形式</td><td></td><td>宣讲时间</td><td></td></tr>
<tr><td>宣讲对象</td><td colspan="3"></td></tr>
<tr><td>指导教师</td><td colspan="3"></td></tr>
<tr><td>宣讲人（班级姓名）</td><td colspan="3"></td></tr>
<tr><td colspan="4">1. 宣讲目标与要求
（1）素质目标

（2）知识目标

（3）能力目标</td></tr>
<tr><td colspan="4">2. 宣讲重点、难点
（1）重点

（2）难点</td></tr>
<tr><td colspan="4">3. 宣讲准备</td></tr>
<tr><td colspan="4">4. 宣讲提纲与时间分配</td></tr>
<tr><td colspan="4">5. 宣讲讲义（应包括组织实施、演示文稿附图等内容）</td></tr>
</table>

我来主讲——宣讲习近平新时代中国特色社会主义思想					
姓名		专业 班级		实践 时间	
1. 宣讲记录（可附照片）					
2. 宣讲活动心得体会					
3. 实践总结					

思政阅读

这一人间奇迹，彪炳史册[①]

让人民过上好日子，习近平总书记一直念兹在兹。在陕北梁家河七年知青岁月里，习近平总书记当年的最大心愿就是让梁家河的乡亲们饱餐一顿肉；在河北正定任县委书记期间，他就经常思考如何摘掉正定县“高产穷县”的帽子；在福建宁德任地委书记时，他探索宁德地区摆脱贫困实现“弱鸟先飞”的脱贫之路。“人民对美好生活的向往，就是我们的奋斗目标。”向贫困宣战，历史性地消除绝对贫困，这是以习近平同志为核心的党中央的重大决策部署。

2013 年 11 月 3 日，在中国脱贫攻坚的“地标”——湘西十八洞村，习近平总书记在考察时首次提出“精准扶贫”理念。党的十八大以来，从“六个精准”到“五个一批”，再到扶持谁、谁来扶、怎么扶、怎么退等问题，以习近平同志为核心的党中央把脱贫攻坚作为重中之重，全面打响脱贫攻坚战，创造性地提出精准脱贫基本方略，推动中国减贫的理论创新与实践创新。在 2015 年 11 月中央扶贫开发工作会议上，中西部 22 个省区市党政主要负责同志立下军令状，在脱贫攻坚责任书上签下名字，形成上下齐抓同向发力，谱写了人类减贫史上的壮丽诗篇。

不忘初心，不辱使命不负人民

脱贫攻坚战场上，许许多多共产党员不忘初心使命、艰苦奋斗，为脱贫攻坚作出了不平凡的贡献，发挥了中流砥柱和先锋模范作用。

张桂梅因一次次目睹山区贫困女孩辍学的悲剧，创办了丽江华坪女子高中，身患绝症却不顾病痛燃烧自己，多年来帮助近 2000 名女孩走出大山，她说“挽救一个女孩拯救三代人”。为让贫困女孩坚持读书，13 年家访路从未停歇，40 余年扎根边疆教育一线，她立志用教育扶贫阻断贫困代际传递，用生命托起大山的希望。

---

① 胡建华．这一人间奇迹，彪炳史册［N］．学习时报，2022-3-7（A5）．

黄文秀硕士毕业后放弃大城市的工作机会，毅然回到家乡投身脱贫攻坚战场，她说：“很多人从农村走出去就不想再回来了，但总是要有人回来的，我就是要回来的人。”她扎根一线埋头苦干，带领百坭村 88 户共 418 人脱贫，在脱贫攻坚长征路上攻坚克难，芳华无悔谱写青春之歌。

草王坝村多年来山高坡陡、缺水致贫，村支书黄大发誓要让全村人吃上大米饭。36 年锲而不舍，带领村民修渠引水，几乎不识字的他到处取经学习修渠，不顾安危、冲锋在前、艰苦朴素、一心为公，带领村民从绝壁凿出“天渠”，修建山坡引水灌溉，村里荒山变良田，草王坝村群众自此走上脱贫之路。

自 2011 年任炎陵县委书记起，黄诗燕走遍了 120 个村庄。为给炎陵黄桃站台，他跑遍每一个城市推广点、每一个乡村展台，有人提醒他要减少办节办会，他说“我为农民站台，怕什么？”他带领炎陵群众稳定脱贫，成为湖南省第一批脱贫摘帽的国家级贫困县，创造了为贫困山区招商引资的“炎陵现象”，所在炎陵县在全省同类县中贫困发生率最低、群众认可度最高。8 年多来始终如一地奋斗在脱贫攻坚一线，最终因多日劳累骤然倒下。

脱贫攻坚路上，这样的事例不胜枚举。广大党员干部以热血赴使命、以行动践诺言，既当头雁又打冲锋，不辱使命不负人民，攻坚克难、开拓创新，带领群众脱贫致富奔小康。

团结协作，既富口袋又富脑袋

“积力之所举，则无不胜也；众智之所为，则无不成也。”如今，一个个奋发向上、自力更生、弱鸟先飞的故事不断涌现，一朵朵致富之花在贫困山乡娇艳绽放，中华大地上处处显现令人欣喜的生机。

龙先兰，湖南花垣县十八洞村村民，从小孤苦无依，也是村里的脱单困难户，对生活失去希望的他曾经好吃懒做，现在却成了村里的养蜂大户、致富带头人，每年毛收入在 40 万元左右。是什么让他从愁眉不展的懒汉，脱胎换骨为一个三口幸福之家的顶梁柱？故事的转折点发生在 2013 年 11 月 3 日，习近平总书记考察湘西十八洞村，在这里，他首次提出了“精准扶贫”理念。“精准”一词体现在龙先兰身上，就是要改变他头脑中根深蒂固的“等靠要”思想。对此，扶贫队长龙秀林帮助他学习掌握了养蜂技术，并协调贷款买来

10 多箱蜂群，帮助他重拾自力更生的信心，慢慢地他的干事劲头足了，精气神也提起来了。“孤儿不孤全村个个是亲人；贫困不贫苗乡处处见精神。”这是龙先兰家门上的喜联，从 2017 年成婚一直挂到现在，默默述说着他在脱贫攻坚中一路走来的心路历程。

这样的华丽转身也发生在 6 万多西海固人身上，他们告别家乡，搬迁到银川河套平原上被命名为“闽宁村”的新家园。经过 20 多年不懈苦干，西海固的移民在这里不仅脱了贫，还过上了小康生活。当年的“干沙滩”变成了“金沙滩”。闽宁镇原隆村村民海国宝感叹：“我们搬出穷窝窝，过上了以前想都不敢想的生活。”原隆村是闽宁镇的一个新村，坚持把扶贫同扶志、扶德相结合，既“富口袋”又“富脑袋”。全村家家户户门上都贴着“创业致富”“勤俭持家”等家训，以前是“比穷”争补助，现在是“比富”怕落下。

坚定信心，既要脱贫更要共富

“只要有信心，黄土变成金。”这是河北省阜平县骆驼湾村的公路边挂出的一幅醒目的标语，这也是党的十八大后，习近平总书记首次进村入户看真贫时语重心长讲给骆驼湾村民们听的。天无绝人之路，只要肯干就有得赚。骆驼村人说总书记的鼓励让他们充满斗志激情，2012 年该村人均可支配收入只有 950 元，2020 年该村人均可支配收入已达 15660 元，一幅欣欣向荣的乡村振兴美好画卷已徐徐展开。

“咱们一块儿努力，把日子越过越红火。”甘肃渭源县元古堆村，这个当年的烂泥沟村如今已蝶变成甘肃“十大美丽乡村”之一。村民们说习近平总书记当年对他们的“加油鼓劲”就是全村人的精神“加油站”，让他们干劲十足。“雨露阳光，润我家乡，饮水思源，自立自强。”这是十八洞村新修订的村规民约的开篇语。作为“精准扶贫”重要精神的首倡之地，十八洞村的脱贫实践充分说明：只要有志气、有信心，脱贫致富就不是梦想。

第八章

众星捧月玉宇澈

——大力推进党的建设新的伟大工程

实践目标

通过实践，深入了解党的建设伟大工程进入新时代，深刻理解党的建设是实现中华民族伟大复兴之关键所在，深刻领会坚持党对一切工作的指导和坚持全面从严治党的重大意义。培养学生不断深化理论认识，提高思想政治觉悟，进一步坚定“听党话，跟党走”的信心和决心。

学习实践

伟大旗帜引领历史巨变[①]

又一个七月来临，中国共产党已经走过 101 个年头。历史犹如一条长长的时间河流，从过去奔涌而来、向未来逐浪而去，洗炼那些深沉邃远的恒久叩问。

站在过去与未来的交汇点上，习近平总书记谆谆告诫全党，要在新时代前进的征程上不忘初心、牢记使命，回答好“从哪里来、往哪里去”，牢记中

① 宣言．什么是中国共产党，中国共产党干什么［N］．人民日报，2022-6-30（01）．

国共产党是什么、要干什么这个根本问题。这是对中国共产党历史使命和行动价值的鲜明宣示，彰显着新时代中国共产党人深厚的历史自信、高度的历史自觉、强烈的历史主动。

了解中国，必须了解中国共产党；了解中国共产党，才能读懂中国。《中国共产党章程》开宗明义就指出：中国共产党是中国工人阶级的先锋队，同时是中国人民和中华民族的先锋队，是中国特色社会主义事业的领导核心。

知所从来，思所将往，方明所去。历史已经证明并将继续证明，中国共产党是用马克思主义武装起来的觉悟者，是最广大人民利益的守护者，是人类社会发展方向的引领者，是最光明最正义最壮丽事业的奋斗者。

校园实践

实践项目一 家乡图说——忆往昔岁月，聊家乡党史

（一）实践目的

弘扬祖国优秀传统文化，培养我们爱国爱党爱家乡的情怀。让我们更加了解自己的家乡，给大家一个展示自己家乡的机会。让同学们学会使用演示文稿为自己的家乡进行热情洋溢的介绍，切实感受家乡改革开放以来的巨大变化。通过本次活动，锻炼同学们的演讲能力和舞台表现力，提高同学们的创造力和合作精神。

（二）实践组织

1. 活动准备

通过书籍、报刊、网络资源查找家乡的党史资料，了解新中国成立前后、改革开放前后、新时代中国特色社会主义建设的伟大成就。形式可以是视频、图片、文字等。

2. 活动要求：

（1）由同乡同学组队，制作一份不低于 15 页的演示文稿来展示自己家乡的历史；

（2）演示文稿制作要求：

①演示文稿主题设计中须有与自己家乡党史相关内容；

②幻灯片之间须有层次性和连贯性，逻辑顺畅，过渡恰当，能够充分展现主题；

③封底须注明小组成员名单；

④合理运用演示文稿各类功能及技术，鼓励使用其他软件辅助制作。

（3）演讲要求

A. 舞台形象：衣着整洁，仪态大方，举止自然，展现当代大学生的精神风貌；

B. 语言展示：脱稿演讲，声音洪亮，普通话标准，语速适中，表达流畅，演讲技巧运用恰当；

C. 时间要求：演讲时间控制在 4–6 分钟。

D. 综合评分：由评委根据演讲选手的现场表现及内容与演示文稿匹配度等方面作出综合评价。

3. 活动提示：

（1）以小组的形式展示，演示文稿应包含视频、图片和文字说明，通过小组集体演绎展现家乡发展历程，突出党的领导的巨大作用；

（2）班级评选出优秀作品参加校园评选，获奖者在校园展示；

（3）优秀作品可发布到校园公共平台，作为校园文化展示部分内容宣传，提高传播力和影响力。

4. 资料参考：

“党史百年”看变迁　话说家乡“这几年”①

5 月 20 日，中共中央宣传部在北京举行以“弘扬遵义会议精神，走好贵州新时代的长征路”为主题的庆祝建党 100 周年贵州专题新闻发布会。百年来，红色血脉一直在贵州大地赓续传承，长征精神、遵义会议精神始终激励着贵州各族儿女坚守初心使命，在新的长征路上奋勇前行。

百年沧桑巨变，绽放时代芳华。今天的贵州，撕掉了千百年来的绝对贫困标签，创新涌流、活力迸发，风生水起。这几年，乘着新时代的浩荡“春风”，家乡贵州省普安县也发生了翻天覆地的变化，乡亲们的生活一天比一天

① 陈大超．“党史百年”看变迁 话说家乡“这几年”[EB/OL]．共产党员网，2021-5-24。

好，都发自内心地感恩党中央、感恩习近平总书记！

这几年，家乡的名气越来越响亮。自古以来，黔山产佳茗，秀水融芳华。在家乡的深山里长着好几万棵野生“四球茶”古茶树，据说年龄最大的有四五千岁，最小的也有好几百岁，因此被评为“世界茶源地”“中国古茶树之乡”。特别是普安与福建正山堂联手打造的“普安红”茶品牌，经北京马连道推介会后全国闻名，并漂洋过海，受到众多中外客商的青睐，家乡一下子声名鹊起。家乡群山起伏，空气清爽、景色迷人，弯弯拐拐的最美自行车赛道镶嵌在十几万亩茶园里，前来观光旅游的客人络绎不绝、“挤破门槛”。

这几年，家乡的产业越来越兴旺。茶山、长毛兔产业园、民族工艺、山地旅游，特色产业在家乡创造了很多发展机会。如“一红一白”（“普安红”、长毛兔）产业兴起，乡亲们在家门口就可以务工挣钱，还可以照看家庭，许多外出打工的老乡选择回乡创业。在茶山，勤劳善良的“茶山汉子”早出晚归，靠山种茶，靠茶致富，钱袋子越来越厚实；在园区，心灵手巧的“布依绣娘”一针一线，手工刺绣就业增收，技艺越来越精湛；在商海，独具慧眼的企业厂家诚信经营，将家乡的“普安红”茶、“龙溪砚壶”等特色产品远销国内外，生意越做越红火。

这几年，家乡的生活越来越美好。党和国家倾力支持农村发展、倾情关怀群众生产生活，精准扶贫、脱贫攻坚、巩固拓展脱贫攻坚成果同乡村振兴有效衔接，好政策一个接着一个。家乡的水、电接通群众家里面，家家户户用上放心水、安全电；网络信号满格子，大数据支撑“黔货出山”，在家也能办成事；G60沪昆高速高铁、320国道都途径家乡山水，道路交通四通八达、“万峰畅行”，干哪样都很方便，乡亲们对美好生活的向往，变成了触手可及的幸福。家乡的人们勤劳朴实、热情好客，期盼您来品鉴“普安红”的悠远味道、体验幸福乡村的美好生活。

“吃水不忘挖井人，翻身不忘共产党。”在以习近平同志为核心的党中央的坚强领导下，家乡的人们大力弘扬长征精神和遵义会议精神、传承“红色基因”、践行“绿水青山就是金山银山”的发展理念和新时代贵州精神，沿着新时代的康庄大道感恩奋进。

（三）实践记录

家乡图说——忆往昔岁月，聊家乡党史			
学院		专业班级	
组员		实践时间	
1. 简述你家乡的党史（可附图说明）			
2. 你在实践活动中有哪些感悟和收获			
3. 实践总结			

实践项目二 风采展示——革命精神永流传

（一）实践目的

通过引导学生学习了解我党成立以来领导人民进行艰苦卓绝的斗争历程，我党成立以来的奋斗史，深刻认识红色政权来之不易、新中国来之不易、中国特色社会主义来之不易、党领导人民取得抗疫斗争重大战略成果来之不易，深刻把握党的历史发展主题和主线、主流和本质，深刻理解中国共产党为什么“能”，中国特色社会主义为什么“好”，归根到底是马克思主义行，是中国化时代化的马克思主义行。

（二）实践组织

本活动由各班级布置安排，通过演讲、小品、话剧、相声、歌剧、舞蹈、独唱、合唱等形式展现作品内容。

1. 具体实施

（1）分组商讨作品主题和表现形式，可独立参与，也可组队参与；

（2）查阅资料，组织节目编排；

（3）指导教师推选出优秀节目进行评选，参加校园展示；

（4）组织专家团队对参加展示作品进行打磨；

（5）展示现场可进行网络直播或录播，引导网络点评，形成教育的第二战场。

2. 活动提示

（1）参与作品必须与弘扬革命精神相符，与“四史”精神相符合；

（2）教师在指导时应注意内容和形式的多样性；

（3）展示现场邀请专家评委打分，并进行现场颁奖；

（4）活动分工明确，听从负责人的安排，有序开展活动。

3. 资料参考

（1）讲述党团历史，弘扬革命精神。可选取中国革命和建设中，中国共产党和共青团员中涌现出的革命英雄人物的先进事迹，体验先辈的革命精神。如：革命英雄主义精神，五四精神，长征精神，井冈山精神，北大荒精神，红旗渠精神，创业精神；两弹一星精神，载人航天精神，抗疫精神等。

（2）展现百年巨变，讴歌建党成就。可选取中国共产党和共青团员继承革命精神，努力投入中国革命和建设的伟大事业，给中国和中国人民带来的翻天覆地变化，以及抗疫期间全国人民同心协力，共同谱写全球抗疫史上的伟大奇迹等。

（3）展现青春风采，传扬革命精神。可选取青年大学生努力继承革命精神，在日常的工作学习和生活中努力学习、勤奋工作、求实创新、勇创佳绩，给革命精神赋予新的时代意义，并把革命精神继续发扬、传承下去。不仅用知识武装头脑，更铭记历史，发扬革命精神，让我们脚下的土地更加坚实，只有肩上扛有重担，前行的脚步才会更加沉稳。让革命精神在校园中流动，在大学生的心中生根发芽，为祖国的未来贡献更大的力量。

围绕以上三个方面，采用歌舞、朗诵、戏剧、小品等多种形式讴歌党团英雄人物及英雄事迹，弘扬革命精神。要求内容贴近真实历史、具有鲜明时代感，表现党史风云人物的时代精神，所选主题具有代表性、有一定深度的和易于通过舞台展示。

（三）实践记录

<table>
<tr><th colspan="4">风采展示——革命精神永流传</th></tr>
<tr><td>学院</td><td></td><td>专业班级</td><td></td></tr>
<tr><td>姓名</td><td></td><td>实践时间</td><td></td></tr>
<tr><td>作品形式
及小组成员</td><td colspan="3"></td></tr>
<tr><td colspan="4">1. 请简述你的作品（附现场图片、视频等）</td></tr>
<tr><td colspan="4">2. 你在活动中获得了哪些心得与启示</td></tr>
<tr><td colspan="4">3. 实践总结</td></tr>
</table>

实践项目三　知识竞赛——百年征程，党史芳华

（一）实践目的

通过开展“百年征程，党史芳华”主题党史知识竞赛，引导学生全面了解和正确认识党的光辉历史、伟大成就、宝贵经验、光荣传统和优良作风，做到学史明理、学史增信、学史崇德、学史力行，增强“四个意识”、坚定“四个自信”、做到“两个维护”，为全面建设社会主义现代化国家贡献力量。通过竞赛，把党史知识和实际生活结合起来，提醒学生不能忘记红色历史，应以史为鉴，承前启后，积极争优秀、创先进、促和谐。

（二）实践组织

1. 活动准备

学习党史、党的学说和党的建设、青年运动史、公民道德建设纲要、团的业务知识、时事政治等相关党史内容。主要参考：《保持共产党员先进性教育读本》《团员意识教育读本》《时事政治》等。

2. 活动规则

（1）此次竞赛活动分为线上党史知识竞赛及现场竞答两个阶段进行；

（2）线上知识竞赛按成绩取前 21 名组成 7 组 3 人小组参加现场竞赛如人数较多可酌情增加；

（3）现场竞赛采取现场竞答形式，分为必答题、抢答题两轮进行，并备附加题；

（4）现场竞赛规则：

必答题：选手依次回答。必答题共五组 42 道题目，分二轮进行，每名参赛选手答一题，按分组号优先选择题号。每题 10 分，答对加 10 分，30 秒内完成作答，答错或超时不扣分。

抢答题：主持人叙述完题目说开始之后，各队开始抢答，违规抢答扣分并整组失去此题目抢答资格。抢答题 10-15 道题目，每题 10 分，答对加 10 分，30 秒内完成作答，答错或抢答后不能回答的扣 10 分同时其他队伍可以继续抢答，30 秒内无人抢答则此题作废。

附加题：抢答环节结束后，出现分数一样的情况，则需要附加题来拉开

分数，规则同抢答题，直至分出排名。

3. 活动提示：

（1）组织者须高度重视，精心组织，认真实施，广泛发动，确保知识竞赛活动有序推进；

（2）认真做好活动资料的存档工作，要充分利用新媒体媒介做好宣传，营造浓厚的党史学习氛围。

（三）实践记录

<table>
<tr><th colspan="4">知识竞赛——百年征程，党史芳华</th></tr>
<tr><td>学院</td><td></td><td>专业班级</td><td></td></tr>
<tr><td>姓名</td><td></td><td>实践时间</td><td></td></tr>
<tr><td>所获奖项</td><td colspan="3"></td></tr>
<tr><td colspan="4">1. 你在活动中有何收获与启示</td></tr>
<tr><td colspan="4">2. 实践总结</td></tr>
</table>

实践项目四 模拟对话——如果邀请你参加“全球政党大会”

（一）实践目的

积极主动、全面深入地学习党的历史、党的理论，在历史与现实、国际与国内的对比中深刻认识中国共产党为什么“能”、马克思主义为什么“行”、中国特色社会主义为什么“好”；训练自己提出问题、回答问题、说服他人的能力，提高为党发声的意识和能力。

（二）实践组织

1. 活动安排

假如新一届全球政党大会在你所就读的城市召开，而一场名为“全球政党青年代表对话会”的分论坛由你所就读的大学承办。你将扮演以下两种角色：

（1）假如你是来自国外的某一党派的大学生代表，面对中国大学生代表，你期望抓住这次交流对话的机会，近距离读懂中国共产党、读懂中国，你会向对方提出哪些你关心的问题？可在采访外国留学生的基础上，列一个问题提纲。

（2）假如你是中国大学生代表，你为了让外国同龄人更全面和深入地了解中国和中国共产党，你准备在这次交流会上结合自己的所见所闻所学做一个主题发言，请列出发言提纲，并做好回答外方代表的提问的各项准备。

全体同学随机选择角色或由指导教师指派角色，一半为中方代表，一半为外方代表。可用两种颜色的便利贴作为“胸牌”或制作桌签区分双方代表。双方代表混编成若干小组，每组推荐一名主持人，负责组织大家制定讨论规则、程序等，讨论期间负责控制时间。讨论流程可分两个阶段：外方代表依次提问，中方代表依次限时发言。 自由交流。

由各小组主持人对本小组两轮对话情况进行总结。教师根据理论教学要点，针对学生的讨论进行引导、点评和总结。

2. 活动提示

为了保证活动有序高效进行，可以将活动流程制作成活动说明书。如果条件允许，可通过安排圆桌会议、定制桌签、合影留念、签名板等提升活动氛围。可邀请学校党务工作者、教师党员参与对话活动。制定对话流程和要求，培训小组主持人，对于提高小组对话的有效性很有帮助。

（三）实践记录

模拟对话——如果邀请你参加“全球政党大会”			
学院		专业班级	
姓名		实践时间	
1. 在此次对话中，双方是否有发生争论，最后结果如何			
2. 结合参与对话的体会，说一说如何提高对话交流的有效性			
3. 你对自己的表现评价如何			
4. 你在此次实践活动中有哪些收获			

社会实践

实践项目五 寻访调研——丹心向阳 红心向党

（一）实践目的

面对新时代新挑战新要求，必须坚持和加强党对一切工作的领导。引导广大青年坚定跟党走，不忘初心，这是我国广大青年的政治选择，也是我国广大青年的人生航向。

（二）实践组织

本活动在指导教师的引领下，开展校内外的调研。调研活动可以有两种：第一，寻找我身边的优秀党员；第二，青年人入党情况调研。

1.“寻找我身边的优秀党员”活动要求

（1）以小组为单位，通过实地访谈、电话访谈、查阅资料、问卷调查等方式了解优秀党员在工作岗位中的先进事迹；

（2）寻访对象可以是学校优秀党员教师，优秀学生党员、抗疫中的党员代表和其他先进人物；

（3）各小组自选形式记录自己的寻访过程，可以是视频，也可以是照片做成的电子书或演示文稿等；

（4）形成访谈录或撰写新闻稿。

2.“青年人入党情况调研”活动要求

（1）以小组为单位，针对学生对党的认识及入党情况，设计调查问卷，选取 2–3 所高校的学生进行问卷调查。

（2）通过问卷调查结果分析大学生入党意愿、入党动机等的影响因素，形成调查报告。

（三）实践记录

寻访调研——丹心向阳　红心向党			
学院		专业班级	
姓名		实践时间	
参与活动及作品形式	视频 / 电子书 / 演示文稿 / 调查报告		
1. 简述你所在小组的调研对象			
2. 你所在小组取得了哪些调研成果			
3. 你在此次活动中有哪些收获			

思政阅读

百年党史的四个鲜明品格①

历史不仅有史实，也有精神和品格。历史的品格既在历史的书写中，也在历史的品读中。党的十九届六中全会通过的《中共中央关于党的百年奋斗重大成就和历史经验的决议》（以下简称《决议》）将党的百年奋斗史分为四个历史时期，取得了四个“伟大成就”，相应也产生了百年党史的四个鲜明品格，对这四个品格的内涵及其特征进行分析解读，有助于我们加深对党的百年奋斗重大成就和历史经验的领会和理解。

在《决议》序言的第二段是这样写的：一百年来，党领导人民浴血奋战、百折不挠，创造了新民主主义革命的伟大成就；自力更生、发愤图强，创造了社会主义革命和建设的伟大成就；解放思想、锐意进取，创造了改革开放和社会主义现代化建设的伟大成就；自信自强、守正创新，创造了新时代中国特色社会主义的伟大成就。党和人民百年奋斗，书写了中华民族几千年历史上最恢宏的史诗。

这一段，用最简练的文字，对党的百年历程作了最集中的概括。在学习领会上，我们自然要把注意力和关注点放到四个历史时期和四个伟大成就上。我反复学习和领会，觉得每一个“创造”前面的修饰词也绝对不能忽视，它们不是可有可无。虽然从语法上看，没有这些修饰词，并不影响句子的完整性，甚至还显得更为简练，但是有了这些修饰词，就使每一句重大判断既有了筋骨，又见到魂魄，让文字有了画面感，明显起到了让历史活起来的作用。事实上，四组修饰词，32个字，它们不仅是对百年党史四个历史时期非凡历程的凝练概括和准确描述，而且集中揭示了百年党史的四个鲜明品格，为我们学习领会党的百年奋斗重大成就和历史经验提供了最形象、最生动的“导语”。

① 许宝健．百年党史的四个鲜明品格［N］．学习时报，2022-4-13（A1）．

要认识新民主主义革命的伟大成就，就要理解党领导新民主主义革命时期的浴血奋战、百折不挠。中国共产党于内忧外患中诞生，不仅是开天辟地的大事变，而且要干开天辟地的大事，这就是反对三座大山，争取民族独立、人民解放。为了实现这一神圣目标，中国共产党带领中华优秀儿女艰辛探索、坚定前行，遭受挫折失败，历经险境绝境，克服千难万险，付出重大牺牲，终于迎来了人民当家作主的新中国的诞生。这 28 年的革命斗争，没有比“浴血奋战、百折不挠”更能准确概括和形容的了。

要认识社会主义革命和建设的伟大成就，就要理解党领导人民在社会主义革命和建设时期的自力更生、发愤图强。新中国是在一穷二白的基础上建立的，面临政治、经济、军事等方面的一系列严峻挑战，国内外环境错综复杂，社会主义革命和建设任务异常艰巨。党带领人民独立自主地对社会主义道路进行了艰辛探索，完成了社会主义革命，最终消灭了一切剥削制度，取得了社会主义革命和建设的巨大成就，实现了中华民族有史以来最为广泛而深刻的社会变革，实现了一穷二白、人口众多的东方大国大步迈进社会主义的伟大飞跃，赢得了世界的刮目相看。“自力更生、发愤图强”是这一时期最真实的写照。

要认识改革开放和社会主义现代化建设的伟大成就，就要理解党领导人民在改革开放和社会主义现代化建设时期的解放思想、锐意进取。改革开放是我们党的一次伟大觉醒，之所以这么说，是因为我们解放思想、实事求是，果断作出了把党和国家工作中心转移到经济建设上来、实行改革开放的历史性决策；是因为我们锐意进取、开拓创新，在改革开放的旗帜下，实现了从生产力相对落后的状况到经济总量跃居世界第二的历史性突破，实现了人民生活从温饱不足到总体小康、奔向全面小康的历史性跨越。改革开放是这一时期的鲜明标识，“解放思想、锐意进取”是这一时期的鲜明品格。

要认识新时代中国特色社会主义的伟大成就，就要理解党领导人民在中国特色社会主义新时代的自信自强、守正创新。党的十八大以来，中国特色社会主义进入了新时代。这个新时代不是时间的自然延续，而是以习近平同志为核心的党中央领导全国人民开创出来的。承前启后，继往开来，我们实现了第一个百年奋斗目标，开启实现第二个百年奋斗目标新征程。新时代的九年，只占百年党史的不足十分之一，但是党和国家事业取得了历史性成就，这既是我们自信自强的基础，也是我们自信自强的结果；党和国家事业发生了历史性变革，这是我们把握历史主动、保持战略定力，既坚持正确政治方向，又坚持改革开放不动摇、不止步的结果。新时代是继续夺取中国特色社会主义伟大胜利的时代，是全面建设社会主义现代化强国的时代，是逐步实现全体人民共同富裕的时代，是奋力实现中华民族伟大复兴中国梦的时代，也是不断为人类作出更大贡献的时代。“自信自强、守正创新”是伴随新时代新征程步伐最响亮、最和谐的“画外音”。

浴血奋战、百折不挠；自力更生、发愤图强；解放思想、锐意进取；自信自强、守正创新。百年党史的四个鲜明品格，是在伟大建党精神的涵养中生成的，彰显了我们党百年奋斗的阶段性特征，昭示了我们党的初心使命，与伟大建党精神相融相通，相承相映，为我们深刻领会党的百年奋斗重大成就和历史经验，提供了一个经纬交织、浑然天成的“基本盘”。

第三部分

明志致远

第九章

革命理想高于天

——坚定崇高的理想信念

实践目标

通过实践，深入了解理想信念的科学内涵，深刻领会理想信念之于青年成长成才的重大意义。不断树立我们为共产主义远大理想和中国特色社会主义共同理想而奋斗的信念和信心，到新时代新天地中去，让青春在全面建设社会主义现代化国家的火热实践中绽放绚丽之花。

学习实践

筑牢信仰之基[①]

习近平总书记指出："我们党之所以能够经受一次次挫折而又一次次奋起，归根到底是因为我们党有远大理想和崇高追求。"回望我们党的一百年，在极其残酷的环境下干革命、在一穷二白的基础上搞建设、在历史关键处开启改革开放，荡气回肠的英雄故事载满史册，让我们看到了信仰的力量。对马克

① 杨苹．筑牢信仰之基（思想纵横）[N]．人民日报，2021-6-25（13）．

思主义、共产主义的信仰，对中国特色社会主义的信念，对实现中华民族伟大复兴的信心，赋予我们党战胜一个又一个困难、取得一个又一个胜利的强大精神力量。今天，像战争年代那种血与火的生死考验少了，但具有许多新的历史特点的伟大斗争仍在继续，一系列重大挑战、重大风险、重大阻力、重大矛盾依然在考验着我们。应对新的历史条件下的风险挑战，我们必须坚守共产党员安身立命的根本，铸就信仰之魂、挺立信念脊梁，鼓起迈进新征程、奋进新时代的精气神。

理想远大、信念坚定
——把青春播撒在民族复兴的征程上①

"在实现民族复兴的赛道上奋勇争先""用青春的智慧和汗水打拼出一个更加美好的中国""党和国家的希望寄托在青年身上"……在庆祝中国共产主义青年团成立100周年大会上，习近平总书记的铿锵话语、殷殷嘱托，激励广大新时代中国青年坚定理想、肩负使命，在实现中华民族伟大复兴中国梦的新征程上奋勇前进。

坚定的理想信念，扬起青春远航的风帆。习近平总书记要求新时代广大共青团员做"五个模范"，排在首位的就是"要做理想远大、信念坚定的模范，带头学习马克思主义理论，树立共产主义远大理想和中国特色社会主义共同理想，自觉践行社会主义核心价值观，大力弘扬爱国主义精神"。当代中国青年生逢其时、重任在肩，要树立远大理想，坚定走中国特色社会主义道路的信念，努力成长为有理想、敢担当、能吃苦、肯奋斗的新时代好青年，不断把为崇高理想奋斗的实践推向前进。

① 本报评论部．理想远大、信念坚定（人民观点）——把青春播撒在民族复兴的征程上［N］．人民日报，2022-5-16（05）．

校园实践

实践项目一　唇枪舌战——树立远大的理想

（一）实践目的

通过关于个人理想和社会理想的辩论，培养我们明辨是非、捍卫真理的优良品质，正确认识个人与社会的关系。同时提升我们的思辨能力和语言表达能力，逐步成长为富有社会责任感的高素质人才。

（二）实践组织

1. 活动主题

以“个人理想更重要还是社会理想更重要”为辩题，举行一场辩论赛。

正方：个人理想比社会理想更重要。

反方：社会理想比个人理想更重要。

2. 活动要求

（1）准备工作：以教学班为单位进行实践，整体分为正方、反方，双方各推选出 4 名上场辩手，其余成员参与搜集整理与辩题有关的资料。

（2）注意事项：比赛以增加友谊、促进感情交流为前提；辩手须尊重主持人和评委；辩手之间须相互尊重，使用文明用语，不得对其进行人身攻击；辩论过程中不得随意打断别人的发言及提问；回答者不得对提问者进行提问，回答者如果出现反问现象，提问者可拒绝回答并向主持人申请停止；答问者可以要求重述其提问，但不得恶意为之；回答不得超时，提倡讲普通话。通过本次辩论赛写下自己所获得的感悟和点评。

3. 活动流程参考

（1）开场陈词阶段

双方一辩做辩题陈词，时间不超过 2 分钟。

（2）攻辩阶段

首先由正方二辩提问，可选择反方二辩或三辩回答（仅限一个问题，提问时间不超过 15 秒；必须正面回答，回答时间不超过 30 秒）；反方二辩提问，可选择正方二辩或三辩回答（规则同上）；

然后由正方三辩提问，可选择反方二辩或三辩回答（规则同上）；反方三辩提问，可选择正方二辩或三辩回答（规则同上）。

最后由双方一辩进行攻辩小结，时间不超过 1 分钟。

（3）自由辩论阶段

由正方开始，双方轮流就辩题发言，双方各有 5 分钟时间。发言以辩手落座为发言结束中断计时，并开始另一方计时，同一方辩手发言次序不限。若仅一方时间用完，另一方可继续发言，也可放弃发言机会。

自由辩论提倡积极交锋，不回避核心问题，不可对对方明确态度的问题持续追问。

（4）总结陈词阶段

双方四辩总结陈词，时间不超过 2 分钟。

（5）观众提问

其余成员可向对方分别提出 1–2 个问题，可选择辩手进行提问，每人仅限提出 1 个问题，提问时间不超过 15 秒，回答时间不超过 1 分钟。

（6）判定评分

可以邀请校内其他教师参与评分，从各个环节对各队做出相应评价并判定胜负，胜方可给予思政课加分奖励，并评选出双方各 1 名最佳辩手，同样给予加分奖励。

（三）实践记录

唇枪舌战——树立远大的理想			
学院		专业班级	
姓名		实践时间	
1. 简述所属小组的核心论点			
2. 捕捉实践活动中的精彩瞬间			
3. 实践总结			

实践项目二 观影思考——人类社会的进步

（一）实践目的

人类社会总体的发展趋势是由低级向高级发展，在这个过程中，阶段性的量变会引起质变，社会形态便会发生更迭。通过此次观赏电影《建国大业》的实践活动，让学生从电影中体悟社会进步历史节点的艺术表现方式，让学生深化对共产主义远大理想的认识，领悟社会更迭的动因，理解物质与精神在社会形态更替过程中的重要作用。

（二）实践组织

1. 活动准备

（1）以班级为单位开展活动，各班确定观影地点；

（2）确定活动时间，准备好观影用的教室及相关设备；

（3）提前通知观影的同学带好纸笔等记录工具，方便记录观影感受。

2. 活动要求

教师通过讨论分享要求学生们提出影片中社会更迭的关键节点；随机找学生分享自己的结论。

指导教师将学生的结论进行梳理，并将遗漏的地方补充完整，帮助学生总结历史节点中社会形态的特征及社会更迭的条件，特别深化对共产主义远大理想的认识，深刻感受社会更迭关键节点中所包含的历史意义与进步意义。

（三）实践记录

观影思考——人类社会的进步			
学院		专业班级	
姓名		实践时间	
1. 简述你对社会更迭条件的理解			
2. 描绘新中国宣布成立那一刻你的心理感受			
3. 实践总结			

实践项目三 微电影——小世界大梦想

（一）实践目的

通过拍摄微电影丰富大学生校园文化生活，提高学生们的艺术修养和人文素养，推进文化传承创新，从自己的独特视角来表达内心的感触与思考，让我们的双眼更加开阔的注视整个世界，观察每一个角落，让我们的大脑思虑生命中每一个瞬间带来的启示，让我们通过微电影的拍摄制作，感受他人、感受青春、感受梦想，感受每一份独特。通过以微电影拍摄的形式，让我们对内心世界进行梳理，强化理想信念教育，增强责任感，实现人生目标与理想。

（二）实践组织

1. 实践主题

以“小梦想大世界”为主题，开展思想政治微电影拍摄实践教学活动。

2. 实施过程

（1）动员阶段

老师在任课班级学生中进行活动解说、发起动员，组织学生们在班级范围内自由组成若干个小组。

（2）制作阶段

作品内容：

以小组为单位，在学校组织的社会实践活动中或节假日自发开展的社会实践活动中所见所感拍摄制作成微电影。微电影应选取有教育意义的生活事件和现象的题材，主要展示生活中努力奋斗、积极向上的一面，追求真、善、美的理想信念，从而主动掌握建设祖国、服务人民的本领，用实际行动践行青春梦想。

微电影作品须附有标准普通话的旁白解说，表达创作者对作品的解读、分析和看法。作品应观点鲜明，能充分展示当代大学生志存高远、青春奋进的精神内涵。

作品制作要求：

作品应遵守国家相关法律法规；内容不得抄袭，画面须清晰可辨。

微电影时间限制在20分钟以内，拍摄工具不限（手机、摄像机等），建议视频统一为mp4格式，分辨率统一为720p以上。

评选阶段

作品评选分为班级展示和校级展示两个阶段。经班级展示推荐的优秀作品再参加校级展示评选。

颁奖总结阶段

经班级、校级两级评选对学生作品最终评出“微电影”作品一、二、三等奖，分别颁发奖状与奖励，并对活动进行总结存档。

3. 活动要求

主题鲜明、内容充实不空洞；贴近生活、能真实展现大学生追逐梦想、砥砺奋进的青春风貌；拍摄手法具有创意、设计个性化；演员表演灵活自然，富于艺术性与美感；剪辑认真细致，技术应用合理。

（三）实践记录

微电影展示作品汇报表

学院		专业班级	
姓名		联系方式	
小组成员		指导教师	
作品名称		类别	
影片时长（秒）			
1. 作品内容概要			
2. 实践总结			

社会实践

实践项目四 追寻《足迹》——体悟习近平总书记的为民初心

（一）实践目的

1. 通过自主观看《足迹》，了解习近平总书记的成长故事，深刻认识习近平总书记成为全党拥护、人民爱戴、当之无愧的领袖，是在伟大斗争的实践中形成的，是在长期的历练中形成的，是历史的选择、人民的选择。进而自觉维护习近平总书记党中央的核心、全党的核心地位，更加自觉地做习近平新时代中国特色社会主义思想的坚定信仰者、忠实实践者。

2. 通过演绎习近平的足迹故事，沉浸式学习习近平总书记的优秀品质，培养向习近平总书记学习、向习近平总书记看齐的思想自觉和行动自觉。

3. 通过体悟习近平总书记深刻的人民情怀，对掌握习近平新时代中国特色社会主义思想的科学理论体系，把握其核心要义、主要内容和理论特质都大有裨益。

（二）实践组织

1. 活动形式

情景剧表演、交流。

2. 活动内容

“落其实者忠其树，饮其流者怀其源。”领袖的产生绝非偶然，领袖思想的形成必有源头。习近平总书记的从政经历遍及党、政、军各个领域，历经村、县、地、市、省，直至中央等所有层级的主要岗位，其成长之路也是习近平新时代中国特色社会主义思想的萌生和孕育过程。新华社推出的 50 集系列微视频《足迹》，展现了一路走来的习近平总书记坚守初心的点滴故事。我们用情景模拟剧的形式再现《足迹》中的故事场景，体悟习近平总书记的为民初心，明晰习近平新时代中国特色社会主义思想形成的历史脉络，理解和把握其深刻的理论特质。

3. 活动流程

（1）在班级范围内自由分组；

（2）自主观看《足迹》系列微视频，每一组从中选定一个故事场景作为情景剧模拟表演的内容，并进行排演，场景选取不得重复；

（3）组织各组进行情景剧展示；

（4）学生进行互评发言，包括评价他组的表演呈现效果，并结合自身实际谈一谈从中获得的启示或感悟：

（5）指导教师进行点评：

（6）收集、整理、归档任务记录表。

4. 资料参考

一路走来的习近平总书记是我们的学习榜样和人生导师，他的个人成长经历为我们的学习成长带来无尽动力。

15 岁，知青下乡，陕北插队；22 岁，走出窑洞，清华求学；26 岁，大学毕业，在京工作；28 岁，主动申请，来到基层；32 岁，离开正定，厦门履新……一路走来的习近平总书记，初心如磐，信念不改。

习近平总书记成为全党拥护、人民爱戴、当之无愧的领袖，是在伟大斗争的实践中形成的，是在长期的历练中形成的，是历史的选择、人民的选择。

以强者的勇气面对逆境和挫折，迎难而上、越挫越勇；以开拓者的锐意突破藩篱、积极进取；以实干家的态度立足本职、勇于担当。这便是习近平为广大青年朋友树立的榜样。

（三）实践记录

追寻《足迹》——体悟习近平总书记的为民初心			
学院		专业班级	
姓名		实践时间	
1. 描述情景剧的主题及场景			
2. 简述个人在情景剧中担任的工作			
3. 简述本次活动中的收获和启示			
4. 实践总结			

实践项目五 社会调查——科技对人类社会发展的影响

（一）实践目的

教育、科技、人才是全面建设社会主义现代化国家的基础性、战略性支撑。科技的进步，可以促进生产力的提升，创造出更多的财富，我们才有更多的时间来满足全面发展的需要。如今，人类正进入智能化时代，让我们一起发现和感受科技为我们的生活带来的影响，从而深刻领会科技进步对新时代的意义。

（二）实践组织

1. 活动准备

（1）在指导教师的带领下，在班级范围内自由组队；

（2）小组内研究制定调研方向与调研方案；

（3）活动中携带学生证、介绍信等用于证明自己身份的材料；

（4）准备好用于记录、拍摄的工具，如笔记本、手机、录音设备、摄影摄像设备等。

2. 活动流程

（1）观看《辉煌中国》专题纪录片第二集《创新活力》

《辉煌中国》是由中共中央宣传部、中央电视台联合制作的六集电视纪录片。其中第二集《创新活力》集中展现了移动支付、共享单车、物联网、大数据、云计算等新技术，让观众直观感受到这些新技术正如何让百姓生活更为便捷，让企业发展更具活力，让国家实力更加强大。在观看纪录片的过程中，了解什么是新技术，学习讲述的角度，感受科技的力量。

（2）开展“科技对社会发展的影响”社会调研

利用课余时间，走进校园、走进社区，走进企业，深入群众、深入一线，寻找并记录科技进步对社会影响的案例，撰写调研报告。

（3）调研成果展示

以小组为单位，上交调研报告、微视频或演示文稿，视频作品可以配文字介绍或旁白解说。

（4）评选优秀作品

组织大众评委评选出优秀作品。经创作者同意后，可将视频上传校园公共平台展示。

3. 活动提示

该活动既可在校园内进行，也可在企业、商业区等公共场所进行，所有体现科技对社会进步意义的现象都可以成为展示的亮点。

保持团队共同行动，时刻携带证明自己身份的证件、介绍信等，遵守调研单位工作纪律，注意生命财产安全。

（三）实践记录

序号

社会调研报告

报告题目：

专业班级：

小组成员：

指导教师：

× 年 × 月 × 日

调研报告基本格式（供参考）

调研报告基本格式之一

标题：×××××××（主标题）

——基于 ××××× 的调查（副标题）

摘要：200－300 字概括全文的主旨

关键词：3－5 个

一、引言：写明调查的起因或目的、时间和地点、调查对象和范围，所采用的方法，以及人员组成等基本情况，从中引出中心问题或基本结论。

二、调研背景：对选题已有的研究成果进行概述和评论，并引出自己的研究内容。

三、研究叙述：对调查过程、调查所获取的事实和材料进行叙述，对有关事实和材料（如根据问卷调查或个案调查得来的基本数据等）做出分析或议论，对调查的结果和结论进行说明。

这一部分可以采用不同的结构形式，如“情况—成就—问题—建议”式结构，多用于反映基本情况的调查报告；“成就—具体做法—经验”式结构，多用于介绍经验的调查报告。

四、资料与研究方法：介绍调研的过程、收集资料和分析资料的方法。

五、结果与分析：将调研的结果进行分点阐述并进行理论分析。

六、小结与讨论：总结调研的结论，探讨存在的不足以及未来进一步研究时应注意的问题。

七、参考文献和附录。

思政阅读

陈望道：忘我追寻真理，毕生坚守信仰①

在建党的思想理论准备中，《共产党宣言》起了十分重要的作用。1920 年 2 月，陈望道为翻译《共产党宣言》，秘密回到浙江义乌自己家中。他在潜心翻译时，把粽子蘸着墨汁吃掉却浑然不觉，还说："够甜，够甜的了！""真理的味道非常甜"，这彰显了中国的共产主义者对马克思主义救国真理的渴求，对共产主义理想的坚定信念。1920 年 8 月，《共产党宣言》中文全译本出版，成为马克思主义在中国传播史上的一件大事。

——摘自《中国共产党简史》第 13 页

勇当播撒真理种子的"种火者"。在战火纷飞的年代，许多民国初年的风云人物都对《共产党宣言》这本书感兴趣，也有众多精彩文段的翻译，但是却没有一本完整的译本供国内有识、有志之士进行阅读。1920 年，陈望道埋头苦干，"费了平常译书的五倍功夫"，在两条长凳加一块木板组成的桌子上，根据日文版、英文版相互对照才将《共产党宣言》彻底翻译成中文。《共产党宣言》的文字量不大，但其翻译确是不容易的，它要求译者不仅要有极专业的语言能力，还要有极强的国际政治、经济、历史等理论功底，更要有胆量与勇气对资产阶级进行严厉批判，才能够让这一思想巨著在中国面世。而陈望道作为真理种子的"种火者"是勇敢的，即使是面对白色恐怖，他也曾先后以佛突、晓风等笔名来作为《共产党宣言》的译者进行署名。当时年仅 29 岁的陈望道以自己的才华和勇气将《共产党宣言》首次以正文全译本的方式与中国的有志青年见面，给遭受劫难的中华民族带来了希望的火种，为中国革命事业发展指明了前行方向。

伴随着共产主义思想在中国大地上广泛传播，中国共产党擎旗启航"出

① 孙洁，胡建涛．陈望道．忘我追寻真理，毕生坚守信仰［N］．学习时报，2022-8-12（A6）．

发”。1936年，毛泽东在接受埃德加·斯诺的采访时回答：有三本书特别深地铭刻在我的心中，建立起我对马克思主义的信仰。这三本书是:《共产党宣言》，陈望道译，这是用中文出版的第一本马克思主义的书……1949年，周恩来在全国第一届文代会上对陈望道说:“望道先生，我们都是您教育出来的。”刘少奇回忆说:“从这本书中，我了解共产党是干什么的，是怎样的一个党，我准不准备献身于这个党所从事的事业，经过一段时间的深思熟虑，最后决定参加共产党，同时也准备献身于党的事业。”这本书于1920年8月首印1000册，9月再次加印，到1926年5月已经印了17版了，在当时的政治环境下，这本书在引领中国新思潮中发挥了重大影响力，印证了“理论一经掌握群众，也会变成物质力量”的论断。

甘当追随共产主义的坚守者。陈望道在日本留学期间就接触到马克思主义。回国后，经历了五四运动的陈望道深刻认识到单单依靠实业救国这条道路是走不通的，需要进行社会改革。如果不进行制度的根本改革，那么一切改良措施都是徒劳无益的。1920年，陈望道在译完《共产党宣言》后，认为“真理的味道非常甜”，此后他一直坚守马克思主义，终身未变。

在五四运动中，陈望道与陈独秀、李大钊以《新青年》《觉悟》为阵地，与其他社会主义流派进行坚决斗争，并且通过对其他社会主义流派的有力回击，更加坚定地扛起了马克思主义这面大旗，吸引了一大批进步青年进入马克思主义阵营。“对一切‘五四’以后以‘新’为名的新什么新什么的刊物或主张，不久就有了更高的判别的准绳，也就有了更精的辨别，不再浑称为新、浑称为旧了。这更高的辨别的准绳，便是马克思主义。有了马克思主义，便有了正确的立场、观点和方法……”陈望道认定马克思主义是真理的更高辨别准绳，坚定共产主义信仰，不受其他思潮所扰乱，用马克思主义分析实践问题，并充分发挥其热爱马克思主义的激情，持续翻译马克思主义其他著作，如《空想的和科学的社会主义》《马克斯底唯物史观》《劳农俄国底劳动联合》等文章，并且发挥其大众动员能力，向群众宣传共产主义思想等，甘愿作为追随共产主义的坚守者，为共产主义奋斗终身。

敢当忠于党的事业的践行者。陈望道以马克思主义为信仰，愿意为共产主义贡献自己的全部力量，敢于毕生以实际行动践行对党的忠诚与追求马克思主义的信仰。1920年，陈望道与陈独秀等人组建了马克思主义研究会和上海共产党早期组织，实际上为后来中国共产党的成立做了充足的筹备工作，所以他也是中国共产党早期创始人之一。党的一大后，他当选上海地方委员会书记，肩负起上海地方党务工作的重任。此外，他还是社会主义青年团早期负责人之一与早期工人运动的重要发起人，办女校、夜校、外国语学校等，通过工会开展工人运动，做好宣传鼓动工作，启发工人阶级的斗争觉悟。在革命年代，陈望道将自己的生死置之度外，先后执教上海大学、中华艺术大学、复旦大学，出色完成党交给的任务，为党培养出一批批优秀的救国进步青年。当抗日战争爆发后，他始终走在抗日救亡的前线。解放战争时期，他参与组建“大学教授联合会”，在党组织的领导下，积极营救被国民党逮捕的进步作家和学生。新中国成立后，他担任复旦大学校长，坚持“为教育事业是万古长青”的教育理念，将党的知识分子政策落实到位，使复旦大学快速进入一流学府的行列，为社会主义建设培养了接班人。

第十章

天翻地覆慨而慷

——改革开放成就富国伟业

实践目标

通过实践，深入了解改革开放的科学内涵，生动体会改革开放的伟大实践，深刻领会改革开放的深刻意义。培养学生养成“敢闯敢干”的改革创新精神，自觉做改革开放的新力军、生力军和弄潮儿。

学习实践

改革开放是党和人民大踏步赶上时代的重要法宝

——读习近平总书记《在庆祝改革开放四十周年大会上的讲话》[①]

改革开放是当代中国最鲜明的特色，是我们党在新的历史时期最鲜明的旗帜，是决定当代中国命运的关键抉择，是党和人民事业大踏步赶上时代的重要法宝。改革开放已经走过不平凡的征程，放眼未来，摆在全党全国各族

---

① 朱正平．改革开放是党和人民大踏步赶上时代的重要法宝——读习近平总书记《在庆祝改革开放四十周年大会上的讲话［N］．学习时报，2022-5-25（A4）．

人民面前的使命更光荣、任务更艰巨、挑战更严峻、工作更伟大。

改革开放的道路不是一帆风顺的，因此，更需要坚定对马克思主义的信仰，对中国特色社会主义的信念，对实现中华民族伟大复兴中国梦的信心。只要有信仰、信念、信心，就会愈挫愈奋、愈战愈勇。我们要继续把改革开放作为强国之路，团结一致向前看，勇担使命，不畏艰险，迎难而上，再创辉煌。

将改革开放进行到底，建成社会主义现代化强国，实现中华民族伟大复兴，是我们的责任和使命。全党全国各族人民必将在新时代创造出中华民族新的更大奇迹，为推动人类共同发展作出更大贡献。

开放的大门越开越大①

习近平总书记强调："中国开放的大门不会关闭，只会越开越大。""我们将坚持对外开放的基本国策，坚持以开放促改革、促发展、促创新，持续推进更高水平的对外开放。"

党的十八大以来，在以习近平同志为核心的党中央坚强领导下，我国坚持对外开放基本国策，实行高水平的贸易和投资自由化便利化政策，加快建设开放型经济新体制，推动形成陆海内外联动、东西双向互济的开放格局。对外贸易、吸引外资、对外投资等领域千帆竞发，开放型经济跃上新水平。

校园实践

实践项目一 情景再现——真理标准问题大讨论

（一）实践目的

情景再现，是为把稿件准确生动地再现给听众、观众，而采取的迅速调动情感的一种手段，是一种联想想象活动，是以稿件提供的文字为根据，展

① 杜海涛，罗珊珊．开放的大门越开越大（奋进新征程 建功新时代·伟大变革）[N]．人民日报，2022-4-4（01）．

开再造想象，使稿件中的人物、事件、情节、场面、景物、情绪等在播音员脑海中不断浮现，形成连续的活动的画面，并不断引发相关的态度和情感的过程。“改革开放是我们党的历史上一次伟大觉醒”，情景再现“真理标准问题大讨论”，旨在让学生用好史料，再造情境，通过活动了解“解放思想、实事求是”的重要性，深刻领会只有社会主义才能救中国和发展中国。

（二）实践组织

1. 议题设置

（1）坚决反对“个人崇拜”；

（2）坚决反对“两个凡是”；

（3）实践是检验真理的唯一标准；

（4）其他关于“真理标准”的相关议题。

2. 活动要求

（1）学生自行分组，建议 3–5 人一组，以演讲、情景剧等形式呈现；参与情景再现的学生须具备感受、想象、表达的能力，须抓住每个议题的精髓。

（2）各小组选择议题中的 1–2 个，进行情景再现并拍摄视频，视频建议统一格式为 mp4，分辨率应为 480p 以上。

（3）视频拍摄完成后，进行小组互评。

（三）实践记录

<table>
<tr><th colspan="4">情景再现——真理标准问题大讨论</th></tr>
<tr><td>学院</td><td></td><td>专业班级</td><td></td></tr>
<tr><td>姓名</td><td></td><td>实践时间</td><td></td></tr>
<tr><td>作品名称</td><td colspan="3"></td></tr>
<tr><td>视频时长</td><td colspan="3"></td></tr>
<tr><td colspan="4">1. 概括作品主要内容及要点</td></tr>
<tr><td colspan="4">2. 实践活动心得与总结</td></tr>
</table>

实践项目二　创意设计——改革开放铸就辉煌

（一）实践目的

本实践活动旨在鼓励我们牢记时代责任，增强使命担当，着力阐释在新中国成立特别是改革开放以来长期探索和实践基础上，经过党的十八大以来在理论和实践上的创新突破，我们党成功推进和拓展了中国式现代化。全面展示改革开放的变革性实践、突破性进展、标志性成果，充分反映中国人民踔厉奋发、笃行不怠的精神风貌，描绘真实、立体、全面的中国，从而激励我们意气风发地奋进新征程、建功新时代，以实际行动迎接未来的变局和新局。

（二）实践组织

1. 活动安排

本活动由思政课老师布置并宣传动员。自任务发布日起 1 个月内完成，以 1−3 人为一组，活动作品可以是宣传板报、手工作品等。

2. 作品参考内容：

（1）感知改革开放，体悟改革开放精神。改革开放精神，是中国共产党在改革开放这一特定的历史时期中所形成开拓创新、勇于担当、开放包容、兼容并蓄的精神品格。感知并体悟改革开放精神，可以不断培养我们开拓进取、积极创新、勇于担当的优秀品格。

（2）重点聚焦“两会”之关切。2022 年全国“两会”就铸牢中华民族共同体意识、增强民族团结忧患意识、实现“双碳”目标、保证粮食安全、树立大食物观、抓好全军安全稳定、推动社会保障事业高质量发展等关切问题进行了广泛探讨。展示其中一项热点话题内容，宣传两会“好声音”。

（3）宣传绿色发展理念，践行“乡村振兴”战略。宣传新时代科学发展的重要意义，充分展示新时期大学生积极参与乡村振兴战略所实施的各项活动成果，如乡村调查研究、“三农”政策宣讲、技术推广服务、乡村就业创业、科学文化传播和乡村支教等行动计划。

（4）争先创优学习新思想，弘扬典型共建和谐校园。学习落实习近平新时代中国特色社会主义思想的重要思想成果，围绕“两个维护”“四个自信”“四个意识”，发掘校园正面典型、先进人物、党员榜样的事例，把习近平新时代中国特色社会主义思想贯彻落实到生活实际，展示青春风貌。

（三）实践记录

<table>
<tr><th colspan="4">创意设计——改革开放铸就辉煌</th></tr>
<tr><td>学院</td><td></td><td>专业班级</td><td></td></tr>
<tr><td>姓名</td><td></td><td>实践时间</td><td></td></tr>
<tr><td colspan="4">1. 作品简介</td></tr>
<tr><td colspan="4">2. 实践总结</td></tr>
</table>

实践项目三　寻踪探秘——走近这个“委员会”

（一）实践目的

通过实践，深入了解中央全面深化改革委员会性质、地位及其职责，深化对全面深化改革的重要战略部署的认识；了解以习近平同志为核心的党中央是如何推进全面深化改革中相关领域重大工作的顶层设计、总体布局、统筹协调、整体推进、督促落实等方面。

（二）实践组织

1. 活动准备

组织学生们查阅学习资料：《中共中央关于全面深化改革若干重大问题的决定》；共产党员网“中央全面深化改革委员会会议”专栏。

2. 活动安排

（1）资料收集。分组完成“中央全面深化改革委员会”有关信息的收集整理；了解“机构介绍”和历次会议基本信息；每个小组可根据下表内容要求设计单独的“中央全面深化改革委员会第 × 次会议知识卡”，展示本组资料收集成果。

机构介绍	简要介绍中央全面深化改革委员会的性质、设立目的、主要职能、人员构成、组织结构等基本情况。

<table>
<tr><th colspan="4">历次会议情况</th></tr>
<tr><td rowspan="2">中央全面深化改革领导小组会议</td><td>召开时间</td><td>会议精神概括</td><td>审议通过的文件</td></tr>
<tr><td></td><td></td><td></td></tr>
<tr><td rowspan="2">中央全面深化改革委员会会议</td><td>会议精神概括</td><td>审议通过的文件</td><td>召开时间</td></tr>
<tr><td></td><td></td><td></td></tr>
</table>

（2）模拟新闻发布会

组织“模拟中央全面深化改革委员会会议新闻发布会”活动。选派一名学生作为新闻发布会主持人，按既定流程主持发布会；每个小组派出一个新闻发言人限时简要介绍会议召开情况；其他小组模拟各界媒体记者进行会议提问。

3. 活动提示

本活动也可以以学校驻地或生源地所属的省委或市委全面深化改革委员会为研究对象，重点关注、了解该地区全面深化改革事业。

（三）实践记录

<table>
<tr><th colspan="4">寻踪探秘——走近这个“委员会”</th></tr>
<tr><td>学院</td><td></td><td>专业班级</td><td></td></tr>
<tr><td>姓名</td><td></td><td>实践时间</td><td></td></tr>
<tr><td colspan="4">1. 总结你对“中央全面深化改革的战略决策”的认识</td></tr>
<tr><td colspan="4">2. 从自身出发，还有哪些亟待通过改革破解的难题</td></tr>
<tr><td colspan="4">3. 实践总结</td></tr>
</table>

社会实践

实践项目四 问卷调查——情系家乡　共谋发展

（一）实践目的

问卷调查从感性材料入手来了解社会的真实情况，是我们认识现实社会的重要手段。为了更好地了解改革开放以来家乡经济社会发展的状况、企业在深化改革和对外开放方面的现状，我们通过社会问卷调查的方式，探究影响家乡改革进一步深化、科学发展的客观因素，能够帮助我们感知社会变化，培养家国情怀，树立正确创新意识，形成锐意进取的奋斗精神。

（二）实践组织

1. 活动方案

（1）调查范围主要是家乡，可以对家乡的经济社会发展，老百姓的衣食住行变化等进行调查；

（2）自行分组，以组为单位积极思考，充分讨论，拟定调查计划，制作调查问卷；

（3）采用不记名问卷调查的形式，对资料进行整理和保密；

（4）统计数据，做出分析说明，形成结论和观点。

2. 问卷参考

问卷调查——情系家乡　共谋发展

1. 您的年龄

A.20 岁以下

B.20-35 岁

C.36-45 岁

D.45 岁以上

2. 您的受教育程度是?

A. 初中及以下

B. 高中

C. 大学

D. 硕士研究生及以上

3. 家庭常住人口
A.3 人及以下
B.4 人
C.5 人及以上
4. 您认为家乡改革开放后的变化如何？
A. 变化很大
B. 变化一般
C. 变化很小
5. 您认为家乡现在经济发展现状如何？
A. 总体发展不平衡
B. 总体发展速度较慢
C. 总体发展均衡
6. 您是否认为家乡现在是否达到了小康水平？
A. 是
B. 否
7. 您认为改革开放以来农村发展还存在哪些问题？（多选）*
A. 环境污染严重
B. 留守儿童，空巢老人增多
C. 经济发展虽取得很大成就，但相较城市仍有很大差距
D. 不够现代化，缺乏人才等
E. 农民进城打工热导致耕地“撂荒”
8. 您认为家乡经济发展的主导产业是什么？
A. 农业
B. 工业
C. 服务业
9. 近年来，您的家庭年收入变化多少？
A. 基本不变
B. 减少 1 万元以上
C. 增加 5 万元以下
D. 增加 5 万至 10 万元
E. 增加 10 万元以上
10. 近年来，您家庭的交通工具是否有变化？
A. 购置了汽车
B. 购置了电瓶车 / 摩托车

C. 购置了自行车
D. 无变化
11. 近年来，您家庭的居住条件是否有变化？（多选）*
A. 变化较大，居住面积、居住质量及环境大幅改善
B. 变化较大，但居住环境下降
C. 变化不大
D. 有变化，居住面积变小，居住质量和环境下降
E. 购置新房
F. 房子进行翻新装修
12. 您认为家乡的教育方面有何变化？
A. 变化不大
B. 变化很大，硬件、软件均有所提高
C. 变化很大，但各方面均有所下滑
13. 您认为近十年来家乡周围交通的变化？
A. 非常便利
B. 比较便利
C. 一般，没什么变化
D. 不便利，出行困难
E. 交通拥堵
14. 您觉得近年来饮食方面变化最大的是什么？
A. 餐饮店多了
B. 食物种类多了
C. 食物味道改善了
D. 物价上涨
15. 您认为导致家乡社会风气不和谐，主要体现在哪些方面？（多选）
A. 赌博
B. 盗窃
C. 违规建房
D. 暴力纠纷
E. 迷信活动
F. 贿赂及受贿
16. 您认为现在看病难吗？
A. 非常难
B. 一般

C. 非常方便
D. 不清楚
17. 你认为改革开放与企业的发展是什么关系？（多选）
A 促进企业的发展，改变企业面貌
B 企业需要改革才能进一步发展
C 企业需要开放才能融入市场经济
D. 改革有风险，会导致企业被淘汰
18. 您对家乡的经济建设还有什么建议？

（三）实践记录

关于家乡的调研报告			
调研时间		调研地点	
调研对象		调研方法	
调研人			
1. 调研报告（调研基本情况、做法、经验，以及分析数据得出各种观点、结论）			
2. 实践总结			

实践项目五　老物件展——家庭档案　见证改革变迁

（一）实践目的

家庭档案，可以记录家庭的大小事务、家庭状态演进和时事变化。家是最小国，国是千万家，通过家庭档案的建立，既能将家庭沉甸甸的记忆留存、传承家训家风，又可以记录家国变迁，将历史串联起来。老物件展览活动，可以将家庭档案完整地呈现在我们面前，既可以培养我们的历史观、责任感和使命感，又能让我们深思幸福的来之不易，从而积极投身家国建设和现代化事业。

（二）实践组织

1. 活动准备

指导教师结合学生的实际情况进行分组，每个学生根据自己对家庭档案的理解，搜集各自家庭在改革开放这些年来的资料，做好家庭档案，再汇总至小组，精选优质作品以供展览。

（1）家庭档案的收集范围

家庭基本建设中形成的材料；家庭生活中形成的材料；家庭成员在社会活动中形成的材料；家庭成员在经济活动中形成的材料；家庭成员在其他活动中形成的具有保存价值的材料。

（2）家庭档案分类

综合类：如家庭成员结婚典礼或寿宴宴请人员名单、请柬，典礼或寿宴致词、签到簿，亲朋好友馈赠礼金、礼品清单；家谱、家史、自传、简历、日记、读书笔记、发言稿、心得体会等；任职文件、工作成果记录；各种教育考试的成绩单等。

社会交往类：家庭成员之间及与亲友之间的重要往来书信，家庭成员接受社会各界邀请函、书信、请柬，家庭成员与社会各界交往的重要名片，校友录、同学录、通讯录等。

证件类：如房产证、出生证、学生证、毕业证、学位证、工作证、结婚或离婚证、身份证、户口簿、出国护照、会员证、借书证、职称资格证书、聘书、独生子女证、经营许可证、营业执照、体检证、健康证、工商、税务登记证等。

基建设备类：如家庭建房、买房、装潢的合同、施工图、施工记录、原材料合格证、竣工图、水电气管线图、验收及结算等材料、各种家用电器的说明书、保修卡、维修单、电路图及维修点地址、联系电话、发票等材料。

健康类：如体检表、病历、病情诊断书、化验单、心电图、CT报告、X光片、血型报告、住院记录、免疫记录、常用药说明、家用药方、饮食禁忌等。

荣誉类：如获得的各种荣誉证书、奖状、奖牌、实物，家庭成员的优秀事迹材料等。

理财类：如家庭收入、支出项目账本、存款单据、借据、契约、信用卡及股票、债券等有价证券、贵重物品购物发票、家庭购买的财产、人身、医疗、养老、失业、教育等方面的保险单及交费凭证、保险赔付记录、银行扣缴单据、捐款、借贷收据、刷卡签单及存、提款单据等。

旅游类：如家庭及其成员外出旅游的线路计划、登程返程车票机票、景点介绍、门票、地图、导游图、旅行线路图、宾馆介绍、游览日记、纪念品等。

音像类：如家庭成员各个时期的照片、结婚、寿庆等家庭重大活动，旅游观光、聚会娱乐等形成的照片、音像资料。

（3）整理

家庭档案以“件”为单位进行归档、编号、整理、装盒。

2. 活动要求

（1）家庭档案不能是零散状态的各种原始资料，必须进行有序的分类、整理、编目、装盒，使之系统规范。

（2）各小组将整理完整的家庭档案放置在指定展览区展示，活动展览时间内须派专人解说。

（3）各小组互评，对家庭档案本身和解说分别打分。

（三）实践记录

老物件展——家庭档案 见证改革变迁			
姓名		专业班级	
“家庭档案”名称			
家庭档案分类			
家庭档案解说			
实践总结			

思政阅读

在更高起点上推进改革开放，续写更多“春天的故事”①
（践行嘱托十年间）

深圳是改革开放后党和人民一手缔造的崭新城市，是中国特色社会主义在一张白纸上的精彩演绎。新时代新征程，深圳肩负着建设好中国特色社会主义先行示范区的历史重任。

2012年12月，党的十八大后首次赴地方考察，习近平总书记就来到深圳，登上莲花山，向邓小平铜像敬献花篮，并种下一棵高山榕。

2020年10月14日，习近平总书记再次来到这里，站在山顶平台，眺望这座现代化的大都市，感慨万千，“党中央赋予经济特区新的内涵和使命，深圳一定能够努力续写更多‘春天的故事’，创造让世界刮目相看的新的更大奇迹！”

改革不停顿，开放不止步，需要永葆“闯”的精神、“创”的劲头、“干”的作风。

牢记总书记嘱托，深圳以粤港澳大湾区建设为纲，以中国特色社会主义先行示范区建设为总牵引、总要求，以综合改革试点为关键抓手，以一往无前的奋斗姿态、风雨无阻的精神状态，在更高起点上推进改革开放，不断交出从先行先试到先行示范的答卷。

改革不停顿，开放不止步，制度建设分量更重。

“昔日深圳‘三天一层楼’的奇迹，已演变成前海的‘三天一项制度创新’。”前海管理局副局长王锦侠说，前海在现代服务业创新发展、科技发展体制机制创新等方面大胆闯、大胆试，推出了一批制度创新成果。

创业板改革并试点注册制落地见效，《深圳经济特区数据条例》等全国首

① 程远州，刘志强．在更高起点上推进改革开放，续写更多“春天的故事”［N］．人民日报，2022-6-15（01）．

创性法规出台实施……深圳综合改革试点首批 40 条授权事项全面落地实施，一批重点领域和关键环节的改革成效持续显现。

改革不停顿，开放不止步，要着眼于解决高质量发展中遇到的实际问题。

“必须坚持创新是第一动力，在全球科技革命和产业变革中赢得主动权”，中国科学院深圳先进技术研究院院长樊建平深感重任在肩。近年来，这家新型研发机构聚焦关键技术攻关，建立需求方出题、科技界答题的新机制和科技成果高效转化机制，已累计孵化企业 1346 家。

坚持把科技创新作为肩负新时代历史使命的关键支撑，深圳正迈向具有全球影响力的科技和产业创新高地：PCT 国际专利申请量居全国城市前列，国家级高新技术企业达到 2.1 万家，新一代信息通信等 4 个集群入选国家先进制造业集群……

莲花山上，习近平总书记种下的那棵高山榕已是亭亭如盖、枝繁叶茂。“8 年了，弹指一挥间啊。选的这个地方很好，树冠能展开，树长得也快。”在深圳经济特区建立 40 周年的特殊时刻，习近平总书记在这里讲的这番话意味深长。

第十一章

千秋伟业强基石

——奋力实现中华民族伟大复兴中国梦

实践目标

通过实践，深刻理解中华民族伟大复兴中国梦的科学内涵，深刻领会建设社会主义现代化强国的战略安排。培养我们树立对中华民族伟大复兴中国梦的信心，正确认识时代责任和历史使命，用中国梦激扬青春梦，努力成为堪当民族复兴重任的时代新人。

学习实践

奋力实现中华民族伟大复兴中国梦[①]

习近平总书记对中国梦战略思想作出过系统阐释。他指出，实现全面建成小康社会、建成富强、民主、文明、和谐的社会主义现代化国家的奋斗目标，实现中华民族伟大复兴的中国梦，就是要实现国家富强、民族振兴、人民幸福。既深深体现了今天中国人的理想，也深深反映了我们先人们不懈追

① 奋力实现中华民族伟大复兴中国梦［N］. 学习时报，2017-6-5（A7）.

求进步的光荣传统。

首先，中国梦的基本内涵有三个层面：国家、民族、人民。从国家层面看，中国梦就是强国梦。中国要成为强大的现代化国家，赢得世界认同，并成为引领世界发展的主导力量。从民族层面看，中国梦就是民族复兴梦。中华民族要对人类发展作出更大、更多、更重要的贡献。从人民层面看，中国梦就是每个中国人的梦。“中国梦归根到底是人民的梦”，每一个中国人共同享有人生出彩的机会、共同享有梦想成真的机会，同时，实现中国梦也需要每一个人的努力。上述三个层面是把国家、民族和个人作为一个命运共同体，从而使国家利益、民族利益和每个人的具体利益都紧紧地联系在一起。

其次，中国梦的现实基础是实现“两个一百年”奋斗目标，即到中国共产党成立100年时全面建成小康社会，到新中国成立100年时建成富强、民主、文明、和谐的社会主义现代化国家。2014年3月27日，习近平总书记在中法建交50周年纪念大会上的讲话中谈到，为了实现中国梦，我们确立了“两个一百年”奋斗目标。我们党历来强调远大理想要与现实工作结合起来，“两个一百年”奋斗目标实际就是中国梦在现时代的具象化。

再次，中国梦是历史的、现实的，也是未来的。中国梦凝结着无数仁人志士的不懈努力，是全体中华儿女坚定不移、代代相传的信念。我们曾经辉煌，也曾经衰落，实现中华民族的伟大复兴，是凝聚了几代中国人的夙愿。中国的革命也好，建设也好，改革也好，归根到底就是为了实现这个目标。这既是贯穿20世纪中国历史的基本线索，也是21世纪中国的突出主题。新中国成立以来特别是改革开放近40年，在中国共产党领导下，中国人民实现了一个又一个伟大飞跃。今天，“我们比历史上任何时期都更接近中华民族伟大复兴的目标，比历史上任何时期都更有信心、有能力实现这个目标”。

最后，中国梦是中国的，也是世界的。中国梦与人类追求和平与发展的梦想相一致，是开放、包容、共享的梦。人类命运共同体的理念以及“一带一路”倡议就是中国梦的国际表达。由此可以看出，中国梦与美国梦、欧洲梦有着本质区别。（作者系中央党校科学社会主义教研部教授）

建设社会主义现代化强国的战略擘画①

总任务宣示了我们党不忘初心、牢记使命的坚定决心和历史担当。习近平总书记指出："一百年来，中国共产党团结带领中国人民进行的一切奋斗、一切牺牲、一切创造，归结起来就是一个主题：实现中华民族伟大复兴。"以中国式现代化推进中华民族伟大复兴，鲜明体现了中国共产党人的初心和使命。我们党既为中国人民谋幸福、为中华民族谋复兴，也为人类谋进步、为世界谋大同，以自强不息的奋斗深刻改变了世界发展的趋势和格局。党领导人民成功走出中国式现代化道路，创造了经济快速发展和社会长期稳定两大奇迹。进入新时代，中华民族伟大复兴的制度保证不断完善、物质基础更为坚实、精神力量持续增强，实现中华民族伟大复兴进入了不可逆转的历史进程。党领导人民创造的伟大成就，充分证明了中国共产党能、马克思主义行、中国特色社会主义好。以中国式现代化推进中华民族伟大复兴，将进一步彰显中国特色社会主义的优越性，不断实现人民对美好生活的向往，在新时代创造中华民族新的更大奇迹。（作者为北京大学马克思主义学院教授）

校园实践

实践项目一 生涯憧憬——梦想 2050

（一）实践目的

青年一代有理想、有担当，国家就有前途，民族就有希望。我们当代大学生的人生黄金时期，同"两个一百年"奋斗目标的实现完全吻合。通过此次活动，旨在立足当下，憧憬未来，自觉把个人梦想和国家发展、民族复兴联系起来，在实现中国梦的实践中实现青春梦想。

---

① 顾海良．建设社会主义现代化强国的战略擘画（大家手笔）[N]．人民日报，2022-3-31（09）．

（二）实践组织

1. 活动主题

梦想 2050

2. 活动要求：

（1）策划“2050 年的一天”环游框架，撰写导语。

（2）活动要点：指导教师通过舒缓的音乐和轻柔的语言引导学生进入畅想世界，也可以提前配乐录制引导语；学生在参与的过程中须认真聆听，静静思考；畅想活动结束后，每名学生上交一份不少于 1000 字的“写给 2050 年大学生的一封信”。

3. 活动流程参考

（1）身体放松准备：在舒缓的背景音乐下，引导学生以舒服的姿势坐好放松。

（2）由指导教师以缓慢轻柔的语气念出导语（参考）：

让我们一起坐进时光机，来到 2050 年的世界，请算一算，此时你是多少岁？容貌有变化吗？请你尽量想象那时的情形，越仔细越好。

好，现在你正躺在家中卧室的床铺上。这时候是清晨，和往常一样，你从睡梦中醒来，先看到的是卧室里的天花板。看到了吗？它是什么颜色？

接着，你准备下床。尝试去感觉脚趾头接触地面那一刹那的温度，凉凉的？还是暖暖的？经过一番梳洗之后，你来到衣柜前面，今天你要穿什么样的衣服上班？穿好衣服，你来到餐厅，早餐吃的是什么？一起用餐的有谁？你跟他们说了什么话？

接下来，你关上家里的大门，准备前往工作的地点。回头看一下家，它是一栋什么样的建筑？然后，你将搭乘什么样的交通工具上班？

你快到达工作的地方，先注意一下，这个地方看起来如何？你进入工作的地方，你跟同事打个招呼，他们怎么称呼你？你还注意到哪些人出现在这里？他们正在做什么？

你在你的办公桌前坐下，安排一下今天的行程，然后开始上午的工作。早上的工作内容是什么？跟哪些人一起工作？工作时用到哪些东西？

很快，上午的工作结束了。中餐如何解决？吃的是什么？跟谁一起吃？

用餐愉快吗？

接下来是下午的工作，跟上午的工作内容有什么不同吗？你在忙些什么？

快到下班的时间了，你即将结束一天的工作，下班后你直接回家吗？或者要先办点什么样的事？或者要做一些什么其他活动？

到家了。家里有那些人呢？回家后你都做些什么样的事？晚餐的时间到了，你在哪里用餐？跟谁一起用餐？吃的是什么？晚餐后，你做了些什么？跟谁在一起？

睡觉前，你计划着明天需要参加一个典礼。那是一个颁奖典礼，你将接受一个奖项。想想看，那会是一个怎么样的奖项？颁奖给你的是谁？你打算发表什么样的获奖感言？

该是上床的时候了，你躺在早上起床的那张床铺上。你回忆一下今天的工作和生活，今天过得愉快吗？是不是要许个愿？许什么样的愿望？

渐渐地，你很满足地进入梦乡。睡吧！一分钟后，我会叫醒你……（一分钟后）我们渐渐地回到这里，还记得吗？你现在的位置不是在床上，而是在这里。然后你慢慢地醒过来，静静地坐着。

（3）思考与分享

憧憬结束后，请在全班分享下列感受与体会。

①描绘在憧憬过程中印象最深刻的画面。

②描绘憧憬中的环境与现在环境最大的不同点。

③从工作的场所、内容、环境及周边人群等方面对 2050 年从事的工作的描述。

④从居住的场所及周边环境等方面描述 2050 年的生活形态。

（4）给 2050 年的大学生写一封信

一代人有一代人的际遇和机缘、使命和挑战。当代大学生与 21 世纪的中国一路同行、成长，和中国的新时代一起追梦、圆梦。此次活动触发了你怎样的联想和思考？请据此写一封信，装进“时光瓶”，留待 2050 年开启，给那时的大学生阅读。

（三）实践记录

生涯憧憬——梦想 2050			
学院		专业班级	
姓名		实践时间	
1. 简要描述你在 2050 年从事的工作			
2. 给 2050 年的大学生写一封信			
3. 实践总结			

实践项目二 绘制未来——2035 我的国

（一）实践目的

党的二十大提出全面建成社会主义现代化强国的战略安排。第一步的时间节点是 2020—2035 年，目标是基本实现社会主义现代化。2035 年中国是什么样子？我们过着什么样的日子？通过一起描绘 2035 年，深刻理解党的二十大提出的战略目标；通过实践活动培养把个人理想追求融入国家和民族的事业之中，培养我们从自己做起、从身边做起、从点滴做起的主动性和积极投身社会主义现代化建设的自觉性。

（二）实践组织

1. 介绍工具

平衡轮是一种常用的管理工具包。它是一套从目标引导到实际行动的有效流程和工具的组合。它将一个圆形图像平均分成若干等份，将个体或组织发展中一些并列的要素按照一定的排列方法填写在图中，以此来辅助人们明晰现状，觉察到忽略的要素，找出希望有所改变的要素，继而制订计划，采取行动。

2. 活动流程

（1）查找资料，熟悉党的二十大关于“建成社会主义现代化强国的战略安排”；

（2）想象 2035 年我国基本实现社会主义现代化后的状态，总结主要从哪些方面入手，据此画出平衡轮，将圆分为若干等份，将选出的几个方面分别填入每一等份；

（3）就选出的重要方面分别对现状及 2035 年的发展状况进行量化评分，1 分最低，满分 10 分，并将两个分值都标注在平衡轮上；

（4）为实现 2035 年的目标（分值），需达到哪些条件、付出何种代价？就此提出至少 3 条行动计划（注意此处是提出行动计划，不是提出要求）；

（5）就近组成 3–5 人小组，组内讨论分享自己的“平衡轮”，各组派出一人在全班进行分享。

3. 活动提示

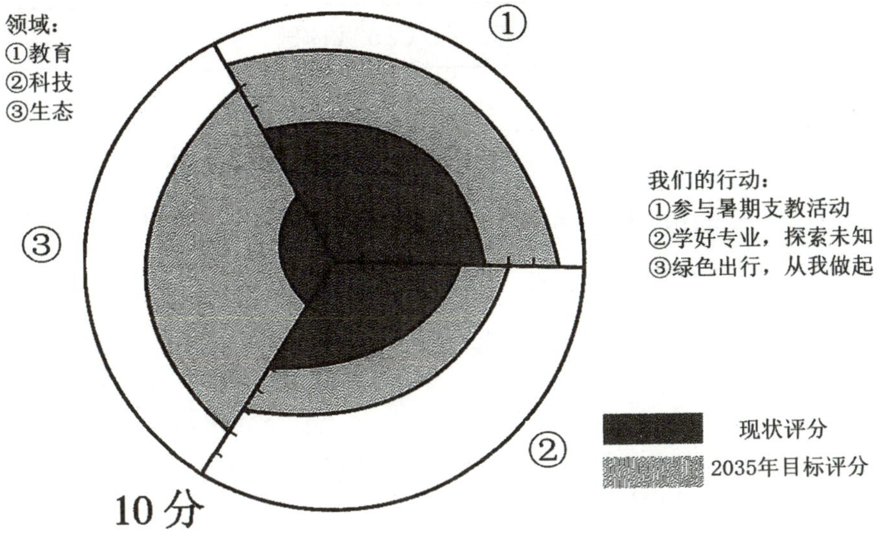
领域：
①教育
②科技
③生态
①
②
③
10分
我们的行动：
①参与暑期支教活动
②学好专业，探索未知
③绿色出行，从我做起
现状评分
2035年目标评分

（三）实践记录

绘制未来——2035 我的国			
学院		专业班级	
姓名		实践时间	
1. 参考上面示例绘制和填写平衡轮			
2. 列出 3 条以上行动计划			
3. 总结“从 2020 年到 2035 年基本实现社会主义现代化”的目标要求的理解			

实践项目三　心语行动——我的中国梦

（一）实践目的

“共圆中国梦”互动征集活动旨在使我们能够深刻领会“实现中华民族伟大复兴是中华民族近代以来最伟大的梦想”这一重要论述；认识到每个人的前途命运都与国家和民族的前途命运紧密相连，立志在实现中国梦的生动实践中实现青春梦想。

（二）实践组织

1. 具体安排

班级范围内自由分为 3–5 人的小组，以小组为单位制作以“我的中国梦”为主题的海报，海报要求图文并茂呈现如下：

（1）心语：每个中国人都有自己的中国梦，这个梦也许是安居乐业、幸福无忧，也许是国泰民安、社会和谐……组内成员的梦想是什么？期待怎样的未来？亮出中国梦；

（2）行动：实现梦想需要真抓实干，在追求梦想的路上，成员们制定了什么目标规划，采取了哪些具体行动，准备付出什么，是否有新想法和建议？大家共同圆梦；

（3）海报制作完成后，签上组内成员的名字，众志成城。

2. 海报展览

方式一：在学校宣传橱窗、教学楼走廊等合适的场所举办“我的中国梦”海报创作展览。

方式二：通过微信朋友圈、公众号、微博等公共平台发布作品，线上展览。

3. 活动提示

（1）海报尺寸规格：推荐使用 A2 美术纸，海报版面形式不限，色彩自由搭配；

（2）海报优秀作品评选标准：内容积极健康、丰富多彩，紧扣主题、构思新颖，插图突出主题，版面比例和谐，字迹流畅清晰，有亮点、有创新、能展现当代大学生特色风貌。

（三）实践成果

<table>
<tr><th colspan="4">心语行动——我的中国梦</th></tr>
<tr><td>学院</td><td></td><td>专业班级</td><td></td></tr>
<tr><td>小组成员</td><td></td><td>实践时间</td><td></td></tr>
<tr><td colspan="4">1. 简述本次活动中组员的分工合作情况</td></tr>
<tr><td colspan="4">2. 作品概述</td></tr>
<tr><td colspan="4">3. 实践总结</td></tr>
</table>

实践项目四　诗歌创作——青春抒怀中国梦

（一）实践目的

以《光荣与梦想——我们的中国梦》系列公益片为载体，进行诗歌创作，既可以锻炼写作能力，在创作过程中又能深刻理解习近平总书记关于中国梦的一系列论述。

（二）实践组织

1. 指导教师组织学生共同欣赏《光荣与梦想——我们的中国梦》系列公益片。

2. 撰写合诵诗脚本：

作品主题：青春抒怀、中国梦

作品要求：查阅、收集习近平关于中国梦和青年的重要论述；参照《光荣与梦想——我们的中国梦》公益片，创作一首不少于 30 行的诗歌，尽可能达到从宏观着眼，在小处落墨，见微知著的效果。

3. 录制合诵诗视频，个人或组合形式不限（每组不超过 5 人），时长控制在 3 分钟以内，可配乐也可搭配书法、舞蹈等其他艺术形式。

4. 将作品上传到校园交流平台相关主题下，或上传到视频公共平台，并组织大众评委评选优秀作品并给予奖励。

（三）实践记录

诗歌创作——青春抒怀中国梦			
学院		专业班级	
姓名		实践时间	
作品题目			
作品主要内容			
实践总结			

社会实践

实践项目五 街头采访——10位百姓的中国梦

（一）实践目的

中国梦，是国家的梦、民族的梦，也是每个人的梦。千千万万的个人梦想组合在一起，就成了“中国梦”。实现“中国梦”正成为全国上下共同的行动，通过“走出校园、走进社区、走进家乡，倾听普通老百姓的梦想”的实践活动，深刻理解中国梦与个人梦想的关系，深刻体会“中国梦，是国家的梦、民族的梦，也是每个人的梦”的论断。

（二）实践组织

1. 活动流程

（1）了解《东方杂志》的“新年征梦”活动

每当新年来临之际，人们都会希望新的一年能实现一些新的愿望。在上世纪30年代中国，人们心中有些什么梦想呢？1933年元旦，《东方杂志》编辑出版了《新年的梦想》特大号专辑，从中可以看到当时人们五花八门的“梦想”。在指导教师的组织下阅读《80年前“新年梦想”是什么》一文，了解胡愈之（时任《东方杂志》主编）是如何策划实施征梦活动的，都征集到了哪些“梦想”。

（2）开展“走基层、看变化、问梦想”活动

利用寒暑假返乡机会，或课余时间走出校园，走上街头，走进社区，走到企业，深入群众、深入农村、深入一线，开展参与式观察和服务式体验，采访记录普通老百姓的梦想和期待，感悟由千万个中国梦组成的民族梦、时代梦，征集有代表性的“百姓梦想”，并用视频或文字记录下来。

（3）制作10位中国百姓的梦想小视频

以小组（1–5人）为单位，精选有代表性的“百姓梦想”剪辑制作一段不超过3分钟的小视频，允许配乐，录制适合在抖音、快手等平台展示的竖屏视频。

（4）评选优秀作品

组织大众评委评选优秀作品并予以奖励。经出镜人同意后，可将视频上传短视频公共平台展示。

2. 活动提示

该活动既可在校园附近的社区进行，也可在校园内进行。采访对象选择注意广泛性和代表性，例如可以在校内选择教师、学生、创业者、环卫工人、宿管、餐厅师傅等，也可以在校外选择公务员、农民、店铺老板、公司职员等。活动必须组团开展，并随身携带身份证件。

（三）实践记录

<table>
<tr><th colspan="3">街头采访——10 位百姓的中国梦</th></tr>
<tr><td rowspan="2">成员信息</td><td>专业班级</td><td></td></tr>
<tr><td>小组成员</td><td></td></tr>
<tr><td>采访对象
（姓名、职业）</td><td colspan="2"></td></tr>
<tr><td>采访内容</td><td colspan="2"></td></tr>
<tr><td>实践总结</td><td colspan="2"></td></tr>
</table>

思政阅读

小康梦、强国梦、中国梦，老百姓的“幸福梦”①

在锦州东湖森林公园，叮嘱多为老百姓建设休闲、健身、娱乐的公共场所，走进社区老年餐厅，询问饭菜价格贵不贵、社区服务好不好、生活上还有什么困难……近日，习近平总书记在辽宁考察时强调：“小康梦、强国梦、中国梦，归根到底是老百姓的‘幸福梦’。中国共产党的一切奋斗都是为人民谋幸福。”

让人民过上好日子，是我们党团结带领人民进行革命、建设、改革的根本目的。无论面临多大挑战和压力，无论付出多大牺牲和代价，这一点都始终不渝、毫不动摇。风雨如磐的长征路上，在自己缺少吃穿、生死攸关的情况下，3 位红军女战士把仅有的一条被子剪下半条给穷苦乡亲，“半条被子”的故事令人动容。当年焦裕禄带领兰考人民战胜“三害”，顶风冒雪为困难群众送去救济粮，老大爷问他是谁？“我是您的儿子”的回答展现了共产党的为民本色。孔繁森在西藏工作时收留 3 名地震中失去亲人的孤儿，无私大爱洒满雪域高原。面对来势汹汹的新冠肺炎疫情，我们党一开始就鲜明提出把人民生命安全和身体健康放在第一位，“为了保护人民生命安全，我们什么都可以豁得出来”的承诺何其坚定。岁月无声，实践是最好的证明。没有自己特殊的利益、任何时候都把群众利益放在第一位，这是我们党作为马克思主义政党区别于其他政党的显著标志，也是党始终得到人民衷心拥护和支持的关键所在。

“民之所忧，我必念之；民之所盼，我必行之。”党的十八大以来，以习近平同志为核心的党中央锚定“人民对美好生活的向往就是我们的奋斗目标”，坚持以人民为中心的发展思想，不断提升人民群众的幸福指数。从“一个都不能少”的脱贫攻坚战，历史性地解决了绝对贫困问题，到“最多跑一

---

① 桂从路．小康梦、强国梦、中国梦，老百姓的“幸福梦”（人民论坛）[N]．人民日报，2022-8-20（04）．

次”的深化改革，让群众少跑腿、办事更方便；从基本医疗保险参保率稳定在95%以上，织就世界最大社会保障网，到持续打好蓝天、碧水、净土保卫战，以良好生态带给群众更多获得感……攸关民生福祉的大事小情，办一件成一件。在实现小康梦、强国梦、中国梦的生动实践中，绘就了山乡巨变、山河锦绣的时代画卷，让千家万户迎来翻天覆地的变化、亿万人民的幸福生活梦想成真。

如何回答为什么人的问题，是检验一个政党、一个政权的试金石。一位外国政治学家在观察中国的疫情防控措施后这样评价：“中国的社会主义根本属性，在危机中或紧急情况下，人民的福祉优先于利润。”曾经多次到访中国，对中国经济快速发展、人民生活水平不断提高印象深刻的一位外国政党领导人也坦言：“坚持以人民为中心是中国共产党保持卓越领导力的关键所在，值得各国政党学习借鉴。”对于中国共产党而言，江山就是人民、人民就是江山，全心全意为人民服务是党的根本宗旨。坚持以人民为中心的发展思想，真正贯穿在我们党制定政策、推进改革、谋划发展的全过程各领域，落实到各项决策部署和实际工作之中。

习近平总书记深刻指出：“中国式现代化是全体人民共同富裕的现代化，不能只是少数人富裕，而是要全体人民共同富裕。”踏上全面建设社会主义现代化国家新征程，我们要牢记让人民生活幸福是“国之大者”，树立正确的发展观、现代化观，坚持发展为了人民、发展依靠人民、发展成果由人民共享，推动全体人民共同富裕取得更为明显的实质性进展。对于各级领导干部来说，更加聚焦人民群众普遍关心关注的民生问题，用心用情用力解决好群众急难愁盼问题，采取更有针对性的措施，一件一件抓落实，一年接着一年干，才能让人民群众获得感、幸福感、安全感更加充实、更有保障、更可持续。要把为民办事、为民造福作为最重要的政绩，把为老百姓办了多少好事实事作为检验政绩的重要标准，努力创造更多经得起实践、人民、历史检验的实绩。

世界上最大的幸福莫过于为人民幸福而奋斗。永葆为民造福的初心使命，激发“时时放心不下”的责任担当，砥砺“功成不必在我、功成必定有我”的境界品格，我们一定能通过共同奋斗、不懈奋斗，让人民群众奔着更好的日子去，让老百姓的“幸福梦”一步一步变为现实。

第十二章

为世界谋大同
——推动构建人类命运共同体

实践目标

通过实践，深刻理解人类命运共同体理念的科学内涵和实践路径，深刻领会党的二十大报告中提出的“促进世界和平与发展，推动构建人类命运共同体”理念。培养我们树立“天下一家，世界大同”的世界观，正确认识时代责任和历史使命，努力做好中国故事的讲述者与中国声音的传播者。

学习实践

构建人类命运共同体的深层逻辑[①]

党的十八大以来，习近平总书记多次在重要场合阐述人类命运共同体理念。2013 年 3 月 23 日，习近平主席在莫斯科国际关系学院发表重要演讲，首次提出了人类命运共同体理念。之后，习近平主席在坦桑尼亚尼雷尔国际会议中心、印度尼西亚国会、纪念联合国成立 70 周年联大、联合国日内瓦总部

① 构建人类命运共同体的深层逻辑［N］. 学习时报，2021-5-17（A7）.

等场合就人类命运共同体理念发表重要讲话。习近平主席指出，这个世界，各国相互联系、相互依存的程度空前加深，人类生活在同一个地球村里，生活在历史和现实交汇的同一个时空里，越来越成为你中有我、我中有你的命运共同体。推动构建人类命运共同体，关键在行动。国际社会就是要从伙伴关系方面，坚持对话协商，建设一个持久和平的世界；从安全格局方面，坚持共建共享，建设一个普遍安全的世界；从经济发展方面，坚持合作共赢，建设一个共同繁荣的世界；从文明交流方面，坚持交流互鉴，建设一个开放包容的世界；从生态建设方面，坚持绿色低碳，建设一个清洁美丽的世界。构建人类命运共同体理念，高瞻远瞩地回答了“世界怎么了”“我们怎么办”的时代之问和人类命题，彰显了习近平总书记作为马克思主义政治家、思想家、战略家的伟大领袖风范。（作者系中央党史和文献研究院第一研究部副主任、研究员）

构建中国话语权　讲好中国故事[①]

话语权是一种影响力，它源自于国家硬实力和软实力的支撑。当前，我国已经跻身世界第二大经济体，亟须建设与之相适应的国家软实力和国际话语体系。在开放的国际环境下，构建中国话语权，讲好中国故事，需要我们树立“两个视角”，以打造融通中外的新概念新范畴新表述。一个视角是立足中国看世界。需要我们根植于中华文化沃土，延续民族文化血脉，传承中华优秀传统文化，大力弘扬社会主义核心价值观，筑起中国特色、中国风格、中国气派的话语体系，善于围绕国际社会的关切和质疑，积极主动表达中国观点、表明中国立场、彰显中国价值。一个视角是站在世界看中国。需认真研究国际社会不同受众的心理特点和接受习惯，学会以世界眼光和全球视野，正确认识各国文化差异，积极探寻人类社会的共同利益、共同价值和情感共鸣，努力做到“中国立场、国际表达”，让中国故事跨越地域、种族、文化的藩篱，直抵人心，在潜移默化中让世界更好地感知中国、理解中国、接纳中国、喜欢中国，在互利共赢中让“中国思想”“中国价值”“中国主张”走向国际社会。

① 饶桂生．构建中国话语权 讲好中国故事［N］．学习时报，2017-10-9（A3）．

校园实践

实践项目一 《时局图》新绘——当代国际格局图

（一）实践目的

通过实践，正确认识世界格局及世界发展大势，了解“世界正处于大发展大变革大调整时期”的内涵与表现形式。同时，了解我国政府独立自主的和平外交政策。

（二）实践组织

1. 活动准备

（1）自行细致鉴赏《时局图》（谢缵泰）。

（2）推荐阅读文献。

习近平：《习近平关于中国特色大国外交论述摘要》，中央文献出版社2020年版；

习近平：《论坚持推动构建人类命运共同体》，中央文献出版社2018年版；

张宇燕：《国际形势黄皮书：全球政治与安全报告》，社会科学文献出版社2019年版；

（3）每组准备一张世界地图。

2. 活动步骤

（1）分组与任务

班级范围内自由分组，建议规模5–8人，参照《时局图》绘制《国际格局图》；

（2）解说与展示

各组展示详细介绍绘制完成《国际格局图》，并解释作画思路及得出的结论；

（3）总结与评价

学生在组内回顾总结给自己印象最深刻的观点、从同学那里学到了什么等。指导教师根据学生的讨论进行引导、点评和总结。

（三）实践记录

《时局图》新绘——当代国际格局图			
学院		专业班级	
姓名		实践时间	
1. 简述组内分工			
2. 简要说明通过绘制得出的结论			
3. 实践总结			

实践项目二 校园调查——大学生人类命运共同体意识

（一）实践目的

通过社会调查，了解社会的真实情况，掌握第一手资料。通过校内大学生问卷调查，更好地了解当代大学生的人类命运共同体意识的现状，探究影响大学生人类命运共同体意识的客观因素，树立正确的世界观与价值观，理解新时代中国特色社会主义外交思想以及中国坚持走和平发展道路的必然性，为推动构建人类命运共同体作出贡献。

（二）实践组织

1. 活动方案

（1）调查对象是本校大学生，可以对各年级部分班级的大学生进行调查；

（2）同学们以组（建议 5-8 人）为单位积极思考，充分讨论，拟定调查计划，制作调查问卷；

（3）采用不记名的问卷调查的形式，对资料进行整理和保密；

（4）统计数据，做出分析说明，形成结论和观点。

2. 问卷参考

大学生人类命运共同体意识现状

调查问卷

1. 请问您的性别是？

A. 男

B. 女

2. 您是否了解人类命运共同体理念？

A. 非常了解

B. 了解

C. 有点印象

D. 不了解

3. 人类命运共同体的理念是由哪个国家提出来的？

A. 美国

B. 中国

C. 俄罗斯

D. 不了解

4. 您通过什么渠道知道人类命运共同体理念?
A. 网络
B. 思政课堂
C. 新闻报道
D. 其他
5. 对于构建人类命运共同体，作为新时代大学生，您的理解是?
A. 那是国家大事，与我无关
B. 我们同在一个地球，应躬身实践，事事关心
C. 仅限于对概念的理解
D. 其他
6. 您认为中国主张构建人类命运共同体，主要依靠什么?
A. 经济发展
B. 坚持共同发展
C. 大国辅佐
D. 文化铺垫及历史沉淀
7. 您认为人类命运共同体会面临什么阻碍?
A. 恐怖主义
B. 种族歧视
C. 逆全球化冲击
D. 其他
8. 我国积极推进“一带一路”倡议是什么原因?（多选）
A. 当今世界是一个开放互动的世界
B. 和平发展互利共赢是时代潮流
C. 中国是负责任的大国，在国际舞台上发挥着越来越重要的作用
D. 是实现中华民族伟大复兴的现实需要
9. 您对人类命运共同体的未来发展，有何看法?
A. 会顺应时代潮流，毫无阻碍的进展并取得成功
B. 会取得成功，但是会面临挑战
C. 会面临失败
D. 其他
10. 您知道人类命运共同体的内涵吗?（多选）
A. 坚持对话协商，建设一个持久和平的世界
B. 坚持共建共享，建设一个普遍安全的世界
C. 坚持交流互鉴，建设一个开放包容的世界

D. 坚持绿色低碳，建设一个清洁美丽的世界

E. 坚持合作共赢，建设一个共同繁荣的世界

11. 您认为“人类命运共同体”对大学生就业及深造有何影响?

A. 大学生的就业渠道得到拓展

B. 会出现大批留学生出国深造，造成人才流失

C. 大批留学生进入中国，使中国与其他国更好融合

D. 几乎不产生影响

12. 你觉得“人类命运共同体”根本上表达了什么?（多选）

A.“中国梦”实现构想

B. 一花独放不是春，百花齐放才是春

C. 各国互不干扰追求共同利益，各自发展的目的

D.“你中有我，我中有你”共同呵护一个地球的殷切愿望

（三）实践成果

校园调查——大学生人类命运共同体意识			
学院 / 专业班级		调查地点	
调查对象		调查方法	
小组成员			
1. 形成调查报告（调查基本情况、做法、经验，以及分析数据得出各种具体认识、观点、基本结论。可另附页）			
2. 实践总结			

实践项目三 情景模拟——联合国大会进行时

（一）实践目的

通过模拟联合国大会活动，培养国际视野，并通过学习与沟通，加入联合国促进和平、保障人权及世界各地人民基本生存尊严的行动中来。了解联合国和国际形势，展现个人能力、培养团队精神、提高综合实力，学习国际政治知识，熟悉联合国有关机构的议事规则和运作方式，提高谈判技巧和外语表达能力，为今后走向社会、走向世界打下基础。通过模拟联合国活动，掌握习近平外交思想深刻内涵，拥护中国特色大国外交，理解构建人类命运共同体、“一带一路”倡议等一系列新理念、新主张、新方案的内涵和意义。

（二）实践组织

1. 活动简介

“模拟联合国”是世界各国官方和民间团体特意为青年人组织的活动。青年学生们扮演各个国家的外交官，以联合国会议的形式，通过阐述观点、政策辩论、投票表决、做出决议等亲身经历，熟悉联合国的运作方式，了解世界大事对我们未来的影响，了解自身在未来可以发挥的作用。

2. 活动准备

在指导教师的带领下收集整理活动概况，熟悉会议准备、会议进程等内容，学习会议主持、会议发言、谈判艺术、文件起草等技能。

3. 活动流程

（1）点名。大会开始后，首先由主席助理（有的称为会议秘书）点名。一般是按国家全称第一个字母的英文顺序，例如美国（USA）英国（UK）都属于字母 U，朝鲜（DPRK）属于字母 K。由主席助理或秘书长点到该国家名称，该国家代表举起国家牌表示出席并回答“到”，然后主席助理或秘书长表示回应，说“某某国代表出席”。全部点完后，主席助理或秘书长公布应到国家数、实到国家数、缺席人数、出席比例。只有在三分之二会员国出席时，会议才能正常进行。

（2）确定议题。如果本次会议的议题超过 1 个（一般情况下是两个）时，那么应当确定先讨论哪一个。主席询问“请希望讨论议题一的代表举牌”，并从其中随机选出 3 名。这 3 名代表将就为何要讨论该议题、议题的重要性等方面阐述其理由（不可以谈论为何不该讨论另一议题），用时两分钟，剩余时间不允许让渡。阐述不同议题的代表将穿插发言。所有选定代表发言完毕后，由全体代表进行投票，不可以弃权。如果一个议题的票数达到一半（简单多数），则首先讨论该议题。

（3）正式会议。第一步：由主席询问“想发言的代表请举牌”，并随机从举牌的代表中间点出发言的代表，直到场下没有代表举牌。主席助理将代表名记录下来，成为发言名单。已经出现在发言名单上的国家不可以追加发言（即加入发言名单），希望加入发言名单可以向主席传递的意向条提出要求。发言名单确定后，按名单顺序代表们陆续上前发言，每个代表发言时间为 2 分钟（依情况而定）。主席在适当时间会提醒代表注意时间。双代表（一个国家有一两个代表）的国家只能有一名代表上台发言。第二步：若发言时间不到 2 分钟（规定时间），且剩余时间超过 10 秒，则可将时间让渡给其他国家。剩余时间在 10 秒之内的，不必让渡。让渡有以下几种情况：一是让渡给主席，相当于放弃时间；二是让渡给其他代表；三是让渡给问题，想提问的国家举牌，由大会主席决定提问国家（提问时间不计入代表发言时间）；四是让渡给评论，由大会主席决定发言国家。注意不可以二次让渡，即接受让渡的国家代表不能将自己的剩余时间再次让渡给其他国家。

（4）提出动议和问题。大会进行中，当一国代表在正式辩论中发言完毕，主席会问“有无动议或问题”，欲有问题或动议要发言的代表可以举起国家牌。问题是不需要表决的，主要包括三类问题。一是程序性问题，二是咨询性问题，三是个人特权问题。动议是需要表决，除问题外，代表的一切行动都要向大会提出动议，一般动议需要简单多数（50%+1）通过，结束辩论的动议需要三分之二多数通过。所有动议在投标时均不可以弃权。

（5）磋商。磋商代表可提动议进行，包括两种：一是有主持核心磋商，有主持核心磋商灵活性强，任何时候只要代表认为有必要针对特定议题进行讨论均可提出，因此大多数问题都是在这一环节中解决。二是自由磋商。自由磋商在会议胶着时及会议后期十分重要。代表们一定要充分利用这一段时间积极加入各方讨论中，听取各方的立场。

（6）意向条。用于各位代表与其他代表、主席交流意向的纸条，由组委会准备或自带，没有固定的格式，但一定要写清“来自某国”“到某国/主席”。可与其他代表进行随时磋商、游说，还可以向主席要求发言、咨询议程或提出自己的想法。意向条在大会中非常重要，许多问题都是通过意向条私下解决。同时，如果可以对自己的意向条进行别出心裁的创意，如绘上国旗、国名、问候语等，或提前将会给其他代表留下良好印象。

（7）投票表决。联合国会议绝大多数步骤都需要全体代表进行表决，表决对象包括对程序的表决和对会议文件的表决。对程序的表决，所有代表都需投票且不能有弃权票。如果此时有代表缺席，只要在场代表数不少于三分之二，则不影响表决。表决时按照动议提出顺序进行。代表们根据辩论进展依次提交会议文件：工作文件、决议草案、修正案。其中需要投票非常重的是决议草案和非友好修正案。当代表们认为决议草案及修正案已讨论成熟，可动议结束辩论进入投票。本动议得到三分之二赞成票才可通过。结束辩论后，委员会进入对会议文件的投票阶段，进行“点名唱票”：由秘书长按照国家英文字母顺序一一点名，被点到的国家回答“赞成”“反对”或“弃权”。按照决议草案的提交顺序进行表决。在表决每一份决议草案前都应先表决其非友好修正案。无论修正案还是决议草案都需得到三分之二赞成票才可以通过。一份决议草案表决通过后将不再表决其余决议草案。通过的决议草案将成为本次大会的结果（称为决议案）进行公告。一旦草案通过生成决议，这一议题讨论结束，进入下一议题的讨论。

（三）实践记录

情景模拟——联合国大会进行时			
学院		专业班级	
姓名		实践时间	
1. 简述自己在活动中扮演的角色			
2. 举例说明自己在活动中遇到的困难及解决方法			
3. 实践活动心得体会			

实践项目四 流动中国——铺划中欧班列运行线

（一）实践目的

通过实践，理解“中欧班列源自中国，但属于世界”。中欧班列的开行，不仅给沿线国家送去了“中国制造”“中国机会”，也捎回了“欧洲产品”、展现了“欧洲希望”。在实践中培养我们和平合作、开放包容、互学互鉴、互利共赢的丝绸之路精神。

（二）实践组织

1. 活动准备

（1）准备绘制用具、世界地图；

（2）在指导教师的带领下查阅资料，了解中欧班列目前的开通状况，思考开通中欧班列的原因及意义。

2. 活动安排

（1）在班级范围内自由分组，建议 3-5 人一组；

（2）根据所查阅的资料，整理中欧班列目前开通情况，截至目前，中欧班列共铺划了 82 条运行线路，通达欧洲 24 个国家的 195 个城市，逐步“连点成线”“织线成网”，形成新时代亚欧陆路运输的骨干通道；

（3）小组讨论，用不同颜色的笔绘制出已铺划出的线路，并展望此后线路的发展方向；

（4）班级内展示并讲解组内所绘制的线路网；

（5）各组间评分，选出优秀作品在校园公共平台中展示。

（三）实践记录

流动中国——铺划中欧班列运行线			
学院		专业班级	
姓名		实践时间	
1. 中欧班列给中国带来了什么			
2. 中欧班列如何诠释守望相助、休戚与共的人类命运共同体理念			
3. 实践总结			

社会实践

实践项目五 社会观察——我国在抗疫中如何践行人类命运共同体理念

（一）实践目的

通过实践，深入理解构建人类命运共同体的科学内涵，深刻领会我国是如何在抗疫中践行人类命运共同体理念的。同时，了解我国打造人类卫生健康共同体的实践，培育担当意识及守望相助的理念。

（二）实践组织

1. 活动准备

在指导教师带领下阅读如下文献：

（1）中共中央党史和文献研究院：《习近平关于统筹疫情防控和经济社会发展重要论述选编》，中央文献出版社 2020 年版；

（2）《习近平在全国抗击新冠肺炎疫情表彰大会上的讲话》（2020 年 9 月 8 日）；

（3）习近平：《论坚持推动构建人类命运共同体》，中央文献出版社 2018 年版。

2. 活动步骤

（1）文献学习。分组阅读推荐文献并收集、整理、编写“习近平关于打造人类卫生健康共同体的重要论述摘编”。

（2）事例整理。当今时代，各国人民命运相连、休戚与共，人类社会已经是一个“你中有我、我中有你”的命运共同体。新冠肺炎疫情的全球蔓延，给世界各国人民生命安全和身体健康带来巨大威胁，也给全球公共卫生安全带来严峻挑战。疫情没有国界，面对疫情，任何一个国家都难以独善其身。在全球抗击疫情的重要时刻，习近平总书记在二十国集团领导人应对新冠肺炎特别峰会上呼吁，“当前，国际社会最需要的是坚定信心、齐心协力、团结应对，全面加强国际合作，凝聚起战胜疫情强大合力，携手赢得这场人类同重大传染性疾病的斗争”，并再次强调在抗疫合作中践行人类命运共同体理念。中国政府是如何在抗疫合作中践行人类命运共同体理念的？请按下表要求通过网络等途径收集、查阅和整理有关内容。

中国在抗疫合作中践行人类命运共同体理念的实践			
序号	领域（列出人类命运共同体理念体现在了哪些方面）	具体例证（列出在此方面践行人类命运共同体的具体行动）	国际社会评价（国际组织、外国政要、专家学者等是如何评价的）
1			
2			
3			
4			
5			

（3）交流汇报

学生团队集中交流汇报研究成果。教师根据理论教学要点，针对讨论进行引导、点评和总结。

活动提示

如条件允许，可邀请本校外籍教师、留学生或国际交流部门工作人员参与成果交流汇报会，担任点评嘉宾。

（三）实践记录

社会观察——中国在抗疫中如何践行人类命运共同体			
学院		专业班级	
姓名		实践时间	
1. 简述你对“打造人类卫生健康共同体”的认识			
2. 描述一个最深入人心的抗疫瞬间			
3. 实践总结			

思政阅读

爱泼斯坦：倾尽一生书写中国故事①

伊斯雷尔·爱泼斯坦，中文名艾培，1915 年 4 月 20 日出生于波兰华沙的一个犹太家庭。1917 年，这个因种族歧视而备受迫害的家庭移居中国，并于 1920 年定居天津。这一决定改变了爱泼斯坦的生活，从此他与中国结下了不解之缘。16 岁时，他从英文报纸《京津泰晤士报》《北平时事日报》起步，开始了自己为之奋斗一生的新闻事业。天津的所见所闻使他陷入了深深的思考，到底谁才能救中国？一个民族如何才能实现独立和自由？

抗日战争爆发后，宋庆龄发起组织“保卫中国同盟”，邀请部分中外著名人士建立起国际性统一战线组织，支持世界人民的反法西斯斗争。爱泼斯坦欣然加入，负责编辑出版英文半月刊版《新闻通讯》，向世界介绍中国人民抗战的真实情况。他撰写的《人民之战》一书在伦敦出版，以亲身见闻讲述了中国人民的抗战历程。1938—1941 年，在廖承志的主持下，爱泼斯坦开始从事中共中央文件英文译本的编辑工作，其中就包括毛泽东《论持久战》的第一部英译本。

新华社的首份英文快讯

1944 年 5 月，爱泼斯坦作为外国记者代表团的记者踏上延安大地。在前往延安的途中，代表团发现，在国民政府的严密封锁下，边疆地区的战士和群众却发动了一场“大生产运动”，将陕北的荒山秃岭变成了农田。他们路过金黄的田地，郁郁葱葱的豆子、棉花、亚麻，都预示着丰收。更让他们印象深刻的是，在南泥湾，359 旅的官兵成群结队地在田野里挥舞着锄头和铁锹，情绪饱满地投入工作。爱泼斯坦在一篇分享他对陕北第一印象的报告中写道，陕北曾经是一片荒凉的土地，变成了一个集约化耕作的地方，牛羊不计其数，手工业兴旺，人民生活安宁。士兵和平民一起开垦了大片荒地，驻军夏天干

① 卢馨尧．爱泼斯坦：倾尽一生书写中国故事［N］．学习时报，2022-3-25（A7）．

农活，冬天训练。他们可以养活自己，而不会给当地农民带来负担。

爱泼斯坦在延安待了三个月，对毛泽东、朱德、周恩来等人进行了多次面对面的采访，这给他留下了深刻的印象。在延安期间，爱泼斯坦多次发出报道，让世界更多地了解延安和中国共产党的领导人。在给《纽约时报》的通讯中他写道，八路军与人民保持着密切的联系，从不拿走他们身上一分钱。多年后，他回忆起这次延安之行时说，“激励我终生走上革命道路的是，我看到了一个完全不同的中国，这个中国充满希望，没有饥饿和失败主义情绪”。他坚信反动派的统治即将结束，在中国共产党的领导下将出现一个新中国。

1944 年 9 月 1 日，新华社从延安清凉山的一个窑洞向世界发出第一份英文电报，报道八路军、新四军和中国共产党领导的抗日根据地的情况。从此，全世界都能听到中国共产党的声音。而爱泼斯坦正是帮助新华社发出首份英文快讯的那个“外国人”。

同中国的命运联系在一起

第二次世界大战胜利后回到美国的爱泼斯坦，依然立志传播中国声音。他在美国担任《联合劳动新闻》总编辑，积极投入反对美国干涉中国内政、增进美中两国人民友谊的进步活动。中华人民共和国成立后，他与其他一些进步人士共同努力，使《远东之光》成为美国第一本展示新中国国旗的出版物。1951 年，爱泼斯坦应宋庆龄之邀，重新回到他所热爱的中国，参与《中国建设》杂志英文版的创刊工作。从最初的执行编辑到后来的总编辑，再到退休后的名誉总编辑，几十年中，爱泼斯坦为后来改名为《今日中国》的这本对外传播杂志倾注了大量心血。当然，他所做的远不止这些。

怀着对中国和中国人民的真挚感情，1957 年，爱泼斯坦加入中国国籍，1964 年又加入中国共产党。爱泼斯坦曾说：“我爱中国，爱中国人民，是这种爱把我的工作和生活同中国的命运联系在一起。”作为新闻记者的爱泼斯坦，用手中的笔时刻记录着新中国的发展变迁。为了让西方的读者了解真正的中国，他撰写了《从鸦片战争到解放》。1955—1976 年，爱泼斯坦三次赴西藏采访，先后访问了近千人，笔记记了近百万字。在历经近 30 年的积累和研究后，中文版《西藏的变迁》终于在 1983 年出版，将一个真实可感、不断进步的西藏呈现在世人面前。谈及写作此书的初衷，爱泼斯坦曾说：“我们有责任向世界解释几十年来在那里发生的变化。”

同年 6 月，爱泼斯坦被选举为第六届中国人民政治协商会议全国委员会常务委员，他的工作得到了党和政府的充分肯定。1985 年 4 月 20 日，为祝贺爱泼斯坦 70 大寿和在中国工作半个世纪，在人民大会堂为他举办了庆祝活动，邓小平亲临祝贺。

朋友眼中的爱泼斯坦

张彦在《可敬的爱泼斯坦》一文中写道，我和爱泼斯坦夫妇住在一个四合院里，两家成了好邻居。爱泼斯坦夫妇和大家一样吃苦耐劳，和大家同在一个拥挤的办公室里工作，同吃一个食堂。当时，由于条件限制，《中国建设》杂志在北京编辑，在上海印刷和发行。为了看清样保证杂志无差错，爱泼斯坦夫妇不辞辛苦，每期必去上海一趟，往返在火车上就得四天四夜。令人吃惊的是，爱泼斯坦对新旧社会的对比，对中国历史的分析，对中国与世界关系的看法，和亲身经历过革命斗争的中国知识分子竟出奇的一致。他在处理稿件时，提出的意见远不止文字方面，常常涉及内容的根本。这靠的不仅是他的理论修养、他的博学多闻，更是他对中国革命和中国人民的深厚感情。

李敦白在《我是一个中国的美国人——李敦白口述历史》一书中讲述，爱泼斯坦在天津上的是美国学校，母语是俄文和英文，中文也不错，很流利，但外国调子明显。爱泼斯坦和宋庆龄关系很近，帮外交部做了很多事情，也参加了《毛泽东选集》的翻译定稿工作。李敦白说，爱泼斯坦是一个非常讲原则的人，也是非常聪明的人，他的一生都在为进步事业而努力。

2005 年 5 月，爱泼斯坦在北京走完他不平凡的一生。去世前，他对身边人说：“中国之所以产生巨大的国际影响，根本在于它取得的巨大进步，但这还只是一个开始。和过去一样，前进道路上还会有很多阻碍和磕绊，可是进步仍将继续。”

参考文献

1. 中共中央文献研究室．习近平关于社会主义政治建设论述摘编［M］．北京：中央文献出版社，2017.

2. 中共中央文献研究室．习近平关于中国特色大国外交论述摘编［M］．北京：中央文献出版社，2020.

3. 中共中央文献研究室．论坚持推动人类命运共同体［M］．北京：中央文献出版社，2018.

4. 中共中央文献研究室．习近平关于全面从严治党论述摘编［M］．北京：中央文献出版社，2016.

5. 本书编写组．十九大报告关键词［M］．北京：党建读物出版社，2017.

6. 本书编写组．思想道德与法治［M］．北京：高等教育出版社，2021.

7. 本书编写组．毛泽东思想和中国特色社会主义理论体系概论［M］．北京：高等教育出版社，2021.

8. 吴现波．高校思想政治理论课微实践教程［M］．北京：中国言实出版社，2021.

9. 鄢雪丽，涂凯迪，苗杰．大学生思想政治教育实践教程［M］．北京：中国言实出版社，2020.